COMTÉ

DE PANJAS

COMTÉ

DE PANJAS

SON PASSÉ, SON ÉGLISE

ET SES PEINTURES ROMANES

PAR

L'Abbé CAZAURAN

PRIX : UN FRANC

PARIS

MAISONNEUVE Frères, Editeurs

25 — Quai Voltaire — 25

1892

DAX — IMPRIMERIE HAZAEL LABÈQUE — DAX

COMTÉ DE PANJAS

SON PASSÉ, SON ÉGLISE

ET SES PEINTURES ROMANES

Sur les confins du diocèse d'Auch, dans une sorte d'enclave comprise entre les paroisses d'Estang, de Lias et d'Ayzieux, de l'ancien diocèse d'Aire, se trouve une commune importante qui, désormais, a sa place marquée dans l'histoire de l'art en nos contrées. Nous voulons parler de Panjas, dans le canton de Cazaubon (Gers), limitrophe des Landes.

Les belles peintures romanes qu'on vient de faire revivre dans l'église de cette localité, nous imposent le devoir de retracer rapidement le passé de la paroisse, avant de décrire les admirables sujets de leurs panneaux resplendissants.

I. — *Histoire seigneuriale*

Grand comme Panjas ! dit-on, encore en Armagnac, pour marquer l'idée de grandeur exceptionnelle d'un objet. Panjas est grand, en effet, autant par l'étendue de son territoire que par ses souvenirs historiques.

Les *Terriers* (1) anciens de la communauté, donnent les vastes limites de ce fief de la famille de TERRIDE, au moyen-âge. Les Terride sont les plus anciens seigneurs connus de Panjas. GAUTHIER est le premier gentilhomme de ce nom, mentionné par les archives départementales du Gers, comme on le verra dans la seconde partie de ce travail.

Après lui, on rencontre Arnaud de Terride (aliàs de *Villario*, Villar ?) (2). Sa fille, Sébille de Terride, disposa de tous les biens qu'elle tenait en héritage de son père, en faveur d'Arnaud de Terride, seigneur de Panjas, son frère. L'acte porte la date du 4 avril 1375. Il est en latin et Panjas est désigné sous le nom de *Panianis*, comme dans tous les documents rédigés dans la même langue.

Les textes français traduisent toujours par *Panias*, dans les temps antérieurs à la Révolution.

Au quatorzième siècle, Panjas est fief de l'une des grandes branches de l'illustre famille de Pardailhan, (3) dont l'histoire généalogique, dans les *Grands officiers de la Couronne*, est enrichie de précieuses notes manuscrites dans notre édition du Grand Séminaire d'Auch (4). Les archives du Grand Séminaire d'Auch rappellent, d'ailleurs, une foule d'hommages rendus par les Pardailhan, barons de Panjas, en faveur du comte d'Armagnac. Citons, seulement, ceux de 1508, 1538, 1558, etc.

Le premier Pardailhan connu sous le nom de baron de Panjas, est BERTRAND, troisième fils de JEAN, seigneur de Pardailhan et de Jeanne de Faudoas.

Au fief de Panjas, notre gentilhomme ajouta celui de *Mirepoix et de Biane*, non loin d'Auch. Les archives particulières de M. le baron de Batz, à Mirepoix, possèdent divers titres relatifs à cette terre. Signalons notamment la *Reconnaissance* des habitants de Mirepoix, le 14 avril 1550, en faveur du seigneur de Panjas.

(1) Il y en a deux. Le premier fut rédigé, en 1627 et 1628, par Jean Lafargue, habitant de Brutz, maître arpenteur, assisté de Jean Daunian, fermier de Panjas. C'est un volume in-folio de 340 feuillets. Le second porte la date de 1694. Il eut pour auteur Charles Deblanque, maître arpenteur de Cazaubon. Il se compose de 246 feuillets in-folio. La lecture de ces manuscrits met en évidence la grande division des terres, avant la Révolution. Il y avait alors au moins autant de propriétaires de tout ordre qu'aujourd'hui.
Ces deux *Terriers* se trouvent chez M. Lajus, avocat, à Panjas. Que sont devenus d'autres documents, autrefois conservés dans les archives municipales ? Nous les avons vainement cherchés, pour la rédaction de ce travail. Peut-être finira-t-on par les découvrir ?...
(2) V. les Archives particulières d'Aon, chez M. Classun de Lucmau (Landes.)
(3) V. la généalogie des Pardaillan dans le P. Anselme (T. V, pp. 174 et suiv.).
(4) Ces notes sont l'œuvre du célèbre feudiste bigorrais, l'abbé de Vergès.

L'année suivante, la population s'arroge la propriété des *Padouens* (terrains vagues) de Mirepoix, au mépris des droits du seigneur de Pardailhan, baron de Panjas, qui fait entendre de vives réclamations, contre l'enlèvement de son banc de l'église et la démolition de l'échafaud. Il y eut transaction, après information judiciaire. Les consuls reconnurent le mal fondé de leurs revendications.

Ces luttes ouvertes, entre emphytéotes et seigneurs sont une réponse péremptoire au préjugé si profondément enraciné dans les masses, qui fait des seigneurs du moyen-âge d'impitoyables tyranneaux, ayant droit de vie et de mort sur leurs sujets. Il n'en fut jamais ainsi. Au besoin, Panjas nous en fournirait d'autres preuves (1).

En dehors de la baronnie principale, il y avait, dans cette communauté une seconde terre noble, connue sous le nom de *Salle noble de Larroque* pour laquelle Gérard de Larroque, rendait déjà hommage en 1418, d'après divers titres du château de Bourrouillan. Jacques de Monbeton, baron de Bourrouillan, l'obtint, par contrat de vente (1622) de nobles Jean et Arnaud de Laffitte.

Or, un jour — et depuis, à diverses reprises — les consuls de Panjas, méconnaissant les privilèges et les droits du baron, ne craignirent pas de ranger la *Salle de Larroque*, au nombre des terres *rurales* et de les *cotiser*, c'est-à-dire de les frapper de *taille*.

Le baron réclama vainement. Ses menaces furent incapables d'émouvoir la jurade de Panjas. Seul, le Parlement, en 1650, put imposer silence aux rebelles et faire prévaloir les droits de Monbeton, co-seigneur de Panjas.

Jean de Pardailhan, baron de Panjas, que nous venons de voir aux prises avec les habitants de Mirepoix, avait épousé Isabeau de Castillon, dame de Castelnau-d'Auzan, d'Eauze et de La Barrère.

Il en eut deux fils : 1° OGIER, abbé de Monceaux ; 2° JEAN DE PARDAILHAN, baron de Panjas, qui épousa Isabeau de Mauléon.

OGIER DE PARDAILHAN, fils de ce dernier, fut un de nos capitaines les plus distingués, durant les luttes des *Guerres de Religion*. Il avait épousé Françoise d'Aydie.

Blessé grièvement, à la prise de Quien, Monluc (Blaise) veut profiter d'un moment de relâche, en 1567, pour faire une cure aux eaux de Barbotan (Gers). Il part donc, en compagnie de Robert de Gontaut, évêque de Condom et de plusieurs autres amis. Mais il veut séjourner

(1) On peut également consulter sur ce sujet, nos ouvrages les plus récents : *Bourrouillan*, Monguilhem, etc. — Paris, Maisonneuve.

quelques heures au château de Panjas, avant de commencer son traitement thermal.

Ogier, baron de Panjas et Françoise d'Aydie firent à leurs hôtes illustres, une brillante réception. On s'était séparé à une heure avancée de la nuit, mais les distractions de la longue veillée n'avaient pas fait -oublier à Monluc la périlleuse situation de la France et de son roi, qu'il savait poursuivis par de redoutables adversaires.

... Le monarque vient de tomber sous les coups d'un prince étranger, maître du royaume de France. A la nouvelle du trépas du roi, de la mort de ses frères et de la reine, Monluc se précipite, court de toutes parts et finit par tomber aux mains des ennemis. Conduit devant l'usurpateur, il subit les violents reproches du vainqueur qui lui parle italien et auquel il répond dans la même langue.

Finalement le roi ordonne de pendre le traître. La scène se passe dans une église. Des seigneurs intercèdent en faveur du vaillant gascon, qui reussit à trouver grâce devant le bourreau de ses princes, auquel il prête serment de fidélité.

Mais qu'a-t-il fait ? Lui, jurer fidélité entre les mains d'un usurpateur, lorsque son roi vit peut-être encore et que la nouvelle de son trépas n'est pas certaine ? L'âme du fier gascon est profondément troublée. Le désespoir s'empare de son cœur. C'est décidé, il ira, à pied s'il le faut, à la recherche de son bien-aimé maître, qu'il veut servir jusqu'à son dernier jour.

Mais comment fuir ? Des geôliers intraitables ont constamment l'œil sur lui ? Dieu soit loué ! l'intrépide captif finit par triompher de la féroce vigilance de ses gardes. Il se précipite, haletant, dans les rues, oubliant la blessure de sa cuisse.

Au même instant : « *Prenez-le, le méchant !* arrêtez-le ! » s'écrie la foule qui le reconnaît. On lui barre le passage... Aucun obstacle ne peut l'empêcher d'avancer.

Le voici sur les remparts !... Mais hélas ! La muraille est si haute qu'à peine il en distingue le pied !... Que fera-t-il ? Il n'a que quelques pierres pour se défendre contre les assaillants sur lesquels il lance ses faibles projectiles...

Les munitions sont bien vite épuisées... Se rendra-t-il ? Non ! plutôt la mort que la honte de la défaite !... Il se jette dans le vide !...

C'est à ce moment que Monluc, pantelant, ruisselant de sueur, brisé par l'émotion, se réveille en sursaut dans le lit moelleux du château de

Panjas, à son premier sommeil. Le célèbre gascon venait de faire un rêve horrible dont il fournit tous les détails dans ses beaux *Commentaires* et qu'il nomme le « *Songe du roy Henry.* »

A ses cris, ses serviteurs accourent, la baronne de Panjas, elle-même, se précipite dans la chambre du brave capitaine auquel on dresse un lit nouveau, car le premier est trempé jusqu'au fond.

Ce n'était qu'un rêve. Mais Monluc en ressentit une émotion si vive, qu'il renonça à son voyage de Barbotan et repartit du château de Panjas, pour retourner dans son manoir.

Ses *Commentaires* nous révèlent les hauts faits d'Ogier de Pardailhan, baron de Panjas, auquel Arvé remet les clés de Lectoure, en 1567. Sa conduite est tellement héroïque du côté de la Rochelle, qu'au mois d'avril 1568, Monluc sollicite la décoration pour lui et six autres gentilshommes.

Vienne Mongommery avec ses bandes huguenotes, en 1569 ; il ne trouvera pas de plus vaillant chevalier à combattre que le baron de Panjas, qui lui dispute pied à pied l'Armagnac. Quand le chef protestant entre à Eauze, au mois d'octobre 1569, Ogier, baron de Panjas, protège dans Fleurance les familles de l'Armagnac, réfugiées dans cette ville, et prend, bientôt après, le gouvernement de la place plus importante de Lectoure.

Autant Ogier de Panjas fut catholique ardent, autant son fils, FRANÇOIS CHARLES DE PARDAILHAN, séduit, comme tant d'autres chevaliers, par l'éclat d'Henri IV, se montra huguenot résolu. Les Ligueurs n'eurent pas d'adversaire plus décidé que lui.

En 1578, Henri de Navarre lui ordonne d'occuper avec sa milice, la citadelle d'Eauze, qu'il s'agit de protéger contre la Ligue (1). Si, deux ans plus tard, il faut organiser une longue partie de chasse de huit jours, dans les Landes, le seigneur de Panjas, toujours le premier à la peine, est appelé le premier au plaisir.

C'était pendant une trêve. Vers le même temps, J.-Jacques de Bourrouillan, épousa Madeleine, sœur de François-Charles de Pardailhan, seigneur de Panjas. Les meilleurs généalogistes ont ignoré cette alliance, que nous constatons dans les riches archives du château de Bourrouillan.

L'intrépide seigneur de Panjas, paraît, à côté de Henri IV, à la célèbre bataille de Coutras (2). Le prince n'eut point d'ami plus dévoué. Aussi

(1) V. notre ouvrage : *Baronnie de Bourrouillan*, pp. 78 et suiv.
(2) V. Monlezun, *Histoire de la Gascogne*, t. V. p. 448).

voulut-il récompenser ses incessants services, en échangeant son titre de *baron*, contre celui de COMTE. (1)

La comtesse de Panjas, Jeanne du Monceaux de Tignonville, épouse de François-Charles de Pardailhan, devint dame d'honneur de Catherine, duchesse de Bar, sœur de Henri IV. Le mariage du Comte de Panjas eut lieu chez la princesse de Navarre, dit le P. Anselme (t. V. p. 196), à l'hôtel de Rambouillet, à Paris.

Les deux époux, admis à la plus grande familiarité avec le roi, suivirent le monarque à Paris, à Pau, à Nérac et ailleurs. Voilà comment leurs enfants naissent dans ces diverses villes.

Catherine, vicomtesse de Pardailhan, l'une de leurs filles, naquit le 12 avril 1592. Elle épousa, en secondes noces, Henri de Baudéan, comte de Parabère, fils de Jean de Baudéan, gouverneur de Niort et seigneur de Parabère, qui fut aussi, co-seigneur de Panjas. D'après D. Brugelles (*Chronique du diocèse d'Auch*, p. 412), la nomination de l'*Ecclésiaste* de Panjas lui appartenait.

Le comte de Parabère n'avait pas, seul, des droits sur la terre de Panjas, d'ailleurs, partiellement inféodée à Bourrouillan. Les VIVANT DE LA VERRIE, étaient aussi seigneurs de la *Comté*. Voici comment :

Le 10 juillet 1617, Geoffroy de Vivant, épousa dans le château de Pardailhan, noble Jeanne de Pardaillan, fille de François-Charles de Pardailhan, comte de Panjas, décédé, et de Jeanne de Monceau. Le comte de Parabère et Catherine sa femme, furent présents à la cérémonie.

Cette union s'explique par les étroites relations contractées sur les champs de bataille entre les Pardailhan et les Vivant, également zélés pour la cause royale et la *Religion prétendue réformée*.

Le Comte de Parabère, co-seigneur de Panjas, se convertit sérieusement au catholicisme et tenta de ramener sa belle-mère, Jeanne de Monceau, dans le giron de l'Eglise romaine. Tout fut inutile. La comtesse de Panjas fit héritière, sa seconde fille Jeanne de Vivant, qui devint, ainsi, DAME DE PANJAS.

Tous ces détails nous sont fournis par les archives particulières de la maison de La Verrie de Vivant. (2).

(1) Nous regrettons de ne pouvoir publier ici l'acte par lequel la baronnie de Panjas devint *Comté*, comme nous l'avions espéré.

(2) Antoine de La Verrie, agissant au nom de sa femme, prit possession de la terre de Panjas, le 23 juillet 1717. On peut le voir dans le livre : *Faits d'armes de Geoffroy de Vivant* (p. 134), par Adolphe Magen. (Agen, 1887.)

Après Geoffroy de Vivant, c'est son fils, Jean II de Vivant, qui prend le titre de *Comte de Panjas*. Paul de La Verrie de Vivant, se dit, plus tard, seigneur de Panjas (1) et sa femme, Jeanne de Vincens, fille du seigneur de ce nom, dans le Bordelais, vend la comté de Panjas, en 1757, au sieur Paul Baylac. (2) Un long procès suivit la transaction. Les débats n'ont pris fin qu'en ce siècle, en 1817. (3)

Baylac, ancien régisseur des Vivant de La Verrie, seigneurs de Panjas, donna le château de Panjas, en héritage à M. Dellas, avoué à Auch. Celui-ci, le vendit à M. Luzarey, de Nogaro, qui l'a cédé, à son tour, à M. Dubuisson. MM. Lannes (Vital) et S. Lanne (Alexandre), l'ont acquis de ce dernier.

Ce vaste château, bâti au midi de la ville et, autrefois, séparé par les fossés des remparts de la petite cité, n'est plus, de nos jours, qu'un imposant squelette féodal. Puissamment soutenu par six tours, la plupart circulaires, ce beau manoir, aujourd'hui ruiné, présentait de superbes salles, encore conservées, mais complètement délabrées, dont une, au premier et à l'ouest, est toujours décorée de peintures murales.

Sur la cheminée, assez vulgaire de l'appartement, se détache un écu avec heaume et lambrequin orné d'un *lion rampant d'argent* qui tient *une épée du même, en pal*. N'est-ce pas les armes des d'Arblade de Séailles ?

Le château doté, au sud-ouest, d'une chapelle particulière sous le vocable de *St-Michel*, possédait de belles caves voûtées et trois étages, au moins, comme on peut le constater en pénétrant dans la tour semi-circulaire de l'ouest. Un campanile élancé, supprimé depuis une vingtaine d'années, couronnait cette tour, tandis que la tour du nord-est, communiquait, dit-on, avec la ville, par dessus les fossés, au moyen d'un pont-levis.

Panjas, gracieusement établi, sur un plateau culminant, au-dessus de la plaine du Midou, n'était pas seulement protégé par le château

---

(1) Noble Paul de La Verrie de SIORAC était fils de Barthélemy de La Verrie de Siorac et de Judith-Louise du Lion, dame de Belcastel. La mère de celle-ci, dame Damario de Vivant, dit M. Magen, fut appelée à recueillir « la substitution de la maison de Vivant, qu'elle céda, en 1720, à son petit-fils Paul de la Verrie, qui fut investi par acte de cession du 30 janvier 1720 de sa mère J.-L. du Lion, des droits maternels de cette dernière, etc. »

(2) Le contrat de vente fut passé le premier octobre 1757, dans le château de Doissac, en Périgord. La vente eut lieu pour la somme de 77,400 livres. — Paul Baylac, de Panjas, devint ainsi, seigneur de Panjas. — (Cfr. Archives particulières de M. Émile Dellas, Receveur des Domaines à Auch.)

(3) Le procès fut soutenu par Jean-Paul, etc. Baylac, fils et héritier de Paul Baylac. — Voir le dossier, chez M. Dellas, qui a bien voulu nous le communiquer.

méridional. Des remparts, entourés de fossés, mettaient la place en garde contre toute surprise et le clocher de l'église la défendait fièrement à l'ouest (1).

Nous en trouvons la preuve dans le « *Verbal de la visite des villes et chasteaux qui sont ès pays d'Armaignac, Comenge, etc., etc.* » faite, en 1626, par M. de Puysségur, vice-sénéchal des pays d'Armagnac, etc. Une cruelle expérience avait appris au gouvernement royal la part que les sujets révoltés pouvaient tirer des innombrables places de troisième ordre, au moins, répandues sur toute la surface de la France.

Sous Louis XIII, — Richelieu était alors ministre — il fut décidé qu'on supprimerait toutes les fortifications inutiles à la défense du pays. Jean de Chastagnet, seigneur de Puysségur, se chargea de l'étude préliminaire de ce travail, pour nos pays. Parti au mois d'octobre 1626, il visita successivement une foule de localités de la contrée, énumérées dans son procès-verbal.

Nous le rencontrons à Panjas, au mois de novembre 1626. « Le village de Panjas appartient au vicomte (pour comte) de Pardailhan, dit-il. Il est enceint de murailles où il y a de bons réduits et particulièrement à l'église. » Les remparts de Panjas furent démantelés, alors, selon toute apparence, mais le clocher demeura debout.

L'idéal des démolitions à effectuer, dit le procès-verbal, est celle qu'on a pratiquée à Eauze, où Puysségur se rend le 7 novembre 1626, après avoir visité Nogaro. « La ville d'Eauze a été démolie au mois de septembre de l'an 1624, suivant la commission du roi au commandeur de Lahillère, lequel s'en acquitta si dignement qu'il serait à souhaiter que toutes les places lesquelles S. M. ordonnerait estre desmolies que on y observat la même méthode. On n'y a laissé qu'une simple clôture de murailles de la haulteur d'une toize, ayant abattu les courtines, les défenses qui estoient jusques aux arceaux des portes et comblé les fossés » (2).

Nous ignorons si la méthode employée par le commandeur de Lahillère, à Eauze, fut mise en pratique à Panjas. C'est assez vraisemblable. En

---

(1) S'il fallait en croire une tradition locale, le château seigneurial primitif de Panjas se serait trouvé *intra muros*, sur l'emplacement maintenant occupé par la maison de M. Lajus, avocat.

(2) Nous devons la connaissance de ce *Verbal* à la bienveillante communication d'un de nos amis.

tout cas, il ne reste que de rares vestiges des anciennes fortifications (1). La ville avait deux portes : l'une à l'Est, et l'autre au Midi. Les dernières traces de celle-ci sont encore apparentes, contre la maison d'école actuelle.

II. — *Histoire paroissiale*

La paroisse de Panjas est parfaitement constituée, au XIIIe siècle. Le second *Cartulaire blanc* de la cathédrale d'Auch, conservé aux archives départementales du Gers, nomme cette Eglise, au *folio* 16 du volume, qui contient 49 feuillets, en parchemin.

Sous le titre *Panianis* (PANJAS) l'auteur du manuscrit insère une charte latine intéressante, qui révèle l'importance de la paroisse, au temps de sa rédaction. Hispans, archevêque d'Auch, voulant assurer le salut de son âme, par de pieuses fondations, achète des dîmes à Panjas, pour la somme de 2,000 sols morlans, dit le *Cartulaire*. Puis, il en dispose en faveur des chapitres de Nogaro et d'Auch, auxquels il abandonne des portions égales.

Le contrat d'achat porte la date de 1256 et le nom du vendeur : Gauthier de Terride, seigneur de Panjas, comme on l'a vu plus haut.

A cette époque, Panjas fait partie de l'*Archidiaconé d'Armagnac*. On l'y retrouve dans les siècles suivants, et lorsque le diocèse d'Auch est divisé en *Archiprêtrés*, la paroisse de Panjas est toujours comprise dans celui de *Cremen* ou du *Houga*.

Le *Pouillé* de 1672 (p. 124) l'y signale en effet et nomme son curé : M. Arquier, originaire d'Auch.

Dans le *Pouillé* de Mgr de Polignac (p. 84) Alexandre Seviac, de Verduzan, administre Panjas, qu'on rencontre constamment dans le même archiprêtré, soit dans les manuscrits de l'abbé d'Aignan du Sendat (Bibliothèque d'Auch, t. 83-72, p. 790), soit dans les *Chroniques du Diocèse d'Auch*, par Dom Brugeles (p. 412).

La Charte de 1256, déjà mentionnée, n'indique pas le patron de la paroisse de Panjas. Etait-ce, encore alors, *S. Jean*, comme on serait

(1) Beaucoup de personnes croient que la démolition de nos anciennes fortifications, sont l'œuvre de la Révolution française. C'est une erreur, que le *Verbal* de Puysségur et d'autres documents de la même époque doivent faire tomber. Louis XIII eut-il raison de consommer tant de ruines ? Il est certain qu'en peu de jours il fit disparaître de notre Gascogne féodale, l'œuvre de plusieurs siècles.

tenté de le penser ? Il serait difficile de le dire, à défaut de documents certains.

En tout cas, on sait que l'église paroissiale *S. Jean* de Panjas, s'élevait au pied de la colline, au sud-ouest de la ville actuelle, à quelques centaines de mètres.

A l'exemple d'une foule d'églises d'Armagnac, celle de *S. Jean* de Panjas eut sa fontaine, nous ne dirons pas *miraculeuse*, mais de *dévotion*, (1) où les fidèles aimèrent, de tout temps, à boire et à se laver, en demandant la guérison de leurs maux au protecteur de la paroisse.

Plus tard, lorsque la ville nouvelle de Panjas, probablement fondée par les seigneurs du lieu, comme la plupart de nos petites cités de cette époque, — plus tard, disons-nous, l'église de la paroisse passa dans le nouveau centre de population. Elle eut *S. Laurent*, pour patron principal et présenta tous les caractères de l'architecture romane, en grand honneur dans nos contrées, du XI⁰ au XII⁰ siècle, au moins.

Les dimensions et l'ordonnance de ce qui reste encore de cet antique édifice, révèlent la richesse de la paroisse, qui dut posséder un nombreux clergé.

En 1567, Panjas entretient encore *six prêtres, pour le service ordinaire des paroissiens*, selon le témoignage d'un manuscrit de nos archives du Grand Séminaire d'Auch.

S. Laurent de Panjas, comme la plupart des paroisses d'Armagnac, eut à subir les violences des bandes armées, qui firent tant de ruines, en nos contrées, durant la longue *Guerre de cent Ans*. Aussi, sa fabrique fut-elle autorisée par l'Archevêque d'Auch, à employer à la restauration

(1) La haute antiquité et l'existence actuelle de la fontaine de *S. Jean*, nous furent attestées officiellement le 9 janvier 1892, par plusieurs personnes de Panjas (toutes sont avancées en âge) dont le rapport légalisé est déposé entre nos mains. Voici le fond du document : 1· L'existence de la fontaine de *S. Jean*, à Panjas, est aussi certaine que l'existence de l'église de ce nom, près de laquelle elle coulait. — 2· De l'aveu des personnes les plus âgées de la paroisse, la fontaine, réputée pour ses vertus curatives, n'a jamais tari. Seulement, l'église ayant été démolie, il y a quarante ans environ, un éboulement combla le bassin, voisin du chemin public. — 3· Mais on fit vite reparaître la source, en creusant un simple trou sur le talus du chemin. Depuis ce moment, la fontaine n'a plus tari. — 4· Comme autrefois, la fontaine jouit toujours de la réputation de guérir les maux d'yeux et les affections rhumatismales. Le sieur Dubourdieu atteste que, durant son enfance, il s'est lavé à la fontaine de *S. Jean* pour guérir d'une ophthalmie. La dame Pauline Londres, âgée de 75 ans, signale des malades qu'elle a vus se laver dans le même but, à la fontaine de *S. Jean*. De son côté, l'épouse Dulhoste déclare que, sur l'avis de personnes âgées, elle s'est lavée également à la source de *S. Jean*, afin de guérir de douleurs rhumatismales, dont elle était atteinte.

de l'édifice partiellement dévasté, une portion de ses revenus. La faveur s'étendit aux autres églises du pays. (1)

Le monument s'était relevé, en empruntant pour la nef, une forme nouvelle, à l'architecture ogivale, lorsque le roi de France, pour favoriser les desseins du Cardinal de Tournon, archevêque d'Auch, autorisa la fondation d'un grand collège dans la ville métropolitaine. Or, une telle entreprise réclamait beaucoup d'argent. Le monarque y pourvut en permettant au prélat, par Lettres-patentes du 11 mars 1545, de prélever sur les Fabriques des églises d'Armagnac, une partie des revenus qui serait employée à la création et à la dotation du collège auscitain.

« ... Les fruicts décimaux, deniers et autres choses léguées et aumosnées pour la réfection et la réparation des églises parrochielles... dit le document royal, que au temps des Anglais et autres ennemys du roy et de sa couronne auroient esté bien réparées, » ajoute le texte.

Mais les travaux de restauration une fois achevés, il était arrivé, s'il faut en croire les lettes-patentes de 1545, que les « marguilliers et les « paroissiens se partageaient entre eux » les dîmes, autrefois appliquées à la reconstruction des églises. Pour mettre fin à ce désordre et fournir des ressources au collège, le monarque autorise donc le cardinal à nommer une commission, chargée de vérifier sur place, dans les localités, les besoins des édifices paroissiaux et d'attribuer à l'école naissante ce qui paraîtra raisonnablement disponible.

La *Commission* nommée par l'Archevêque, eut pour chef, M. Arnaud-Claveria, licencié en droit, conseiller du roi à Toulouse.

Celui-ci se mit en route — en partant d'Auch — le lundi, 8 novembre 1546. Nous ne suivrons pas les enquêteurs dans leurs courses à travers l'Armagnac et le Gabardan, aujourd'hui annexé aux diocèses d'Aire et d'Agen, en très grande partie. L'original de leur procès-verbal longuement analysé dans la *Revue de Gascogne*, est, maintenant, conservé dans les Archives départementales du Gers, Autrefois, il se trouvait dans le dépôt de la Mairie d'Auch.

Qu'il nous suffise de voir Claveria et sa suite, à Panjas, où nous les rencontrons, le 6 décembre 1546.

Aux termes du manuscrit, (f⁰ 39 v⁰, et 41, r⁰ et v⁰), l'église de Panjas

---

(1) Nos manuscrits signalent en particulier plusieurs paroisses, maintenant annexées aux Landes.

« est bien et honorablement bâtie avec bonne voûte et en bel ordre. »
Point de réparation importante à faire dans l'édifice.

Les habitants de la localité voudraient, il est vrai, continuer à jouir des *dîmes, deniers* etc, car, disent-ils, il faut bâtir *une chapelle pour procession*. Or, ces fonds leur seraient nécessaires.

Tel n'est pas l'avis des commissaires-enquêteurs. Ils décident que « les « deux tierces des dîmes » seront *affectées* à la construction et à la dotation du collège d'Auch. Si les fidèles de Panjas veulent élever des édifices, dit brutalement le procès-verbal, qu'ils y emploient leurs deniers, mais les dîmes doivent être réservées à l'église matrice (fᵒ 40 rᵒ).

De fait, Arnaud Claveria rédige une Ordonnance, en vertu de laquelle les deux tiers des fruits décimaux de la fabrique iront au collège d'Auch et « ensemble la somme de cent vingt-cinq escus sols bons » à prendre en grande partie sur les débiteurs de l'église paroissiale. Le reste demeure la propriété de la fabrique et doit, *exclusivement,* être employé, sous de graves peines, au bien de *S. Laurent.*

D'après le *Livre des comptes* présenté à Claveria par les *Ouvriers* ou *Marguilliers* de Panjas, le revenu annuel de l'église était de *cent escus petits ou davantaige.* En 1546, il avait atteint le chiffre de 105 écus et demi, et tout n'était pas encore rentré.

La campagne de Claveria, commencée sous d'heureux auspices, valut de beaux deniers au collège d'Auch, mais elle se termina par une horrible tempête, soulevée dans le Gabardan.

La foule ameutée contre Claveria et sa suite, faillit faire un bien mauvais parti aux enquêteurs de l'Archevêque. Claveria et ses compagnons jugèrent prudent de se dérober au plus tôt à la multitude en courroux. Et, comme l'irritation gagnait de proche en proche, au lieu de marcher droit sur Auch, la Commission s'enfuit le 23 mars 1546, vers Eauze, Nogaro, La Pujolle et Vic-Bigorre, pour échapper aux assauts des populations soulevées.

L'orage était si violent, que les enquêteurs n'arrivèrent à Auch, que le 2 avril 1547. Il leur avait fallu neuf jours pour faire le trajet.

La fureur de l'Armagnac mit longtemps à se calmer. On put subir les ordres de l'Archevêque soutenu par le roi, mais on ne cessa de réclamer contre les décisions de Claveria. Nous en avons la preuve dans les nombreuses Lettres-patentes qui viennent, à chaque instant, pour ainsi dire, fortifier les arrêts antérieurs.

Ainsi, le 24 juin, 1550, Henri, roi de France, confirme les Ordonnances précédentes. Le 7 août suivant, un arrêt du Parlement de Toulouse sanctionne la déclaration royale. En 1563, Charles IX donne de nouvelles lettres-patentes pour obliger les fabriques d'Armagnac à se conformer aux prescriptions anciennes.

Quelques années plus tard, Panjas et d'autres paroisses de la région n'ont pas encore cessé de protester. Pour les réduire, il faut une nouvelle information et un nouvel Arrêt du parlement. L'arrêt porte la date du 19 avril 1567. Il est essentiel de le noter spécialement, car il rappelle les griefs des paroisses contre l'autorité diocésaine et royale. (1) Relevons-y quelques traits relatifs à Panjas.

Jean de Montvaleria, curé de la paroisse, à l'époque où nous sommes parvenus, refusait de donner les dîmes destinées au collège d'Auch. Ses prétextes étaient nombreux. On se montrait *trop exigeant, disait-il*. Le bénéfice de Panjas, depuis longtemps ne rapporte plus que 257 livres et demie. Or, il faut en distraire cent livres pour six prêtres, « qu'il convient « tenir pour le service ordinaire des paroissiens, plus trente livres pour « un prédicateur et autant pour le luminaire, réparations et autres charges « exigées par l'église. »

En somme, il ne restait au curé qu'une minime somme pour son entretien. Pourquoi l'archevêque, dit Montvaleria, lui imposerait-il une si large contribution ? Ceux qui doivent participer à l'entretien du collège, poursuit-il, ce sont : le prélat lui-même, le chapitre d'Auch, celui de Nogaro. C'est à eux, en effet, que vont les revenus de la paroisse de Panjas, où ils perçoivent plus de *mille livres tournois !..*

Mais vains efforts ! Rien ne fléchit la Cour. Panjas et les autres paroisses subiront ses arrêts.

Lorsque les Jésuites prirent la direction du collège d'Auch, le 23 juin 1590, Panjas était encore inscrit pour une somme de *48 livres trois sols*, dans l'*Etat des Fabriques d'Armagnac* soumises à la redevance annuelle.

Tout le pays venait de passer à cette époque, par les cruelles épreuves des *Guerres de Religion* et de la *Ligue*. Quelle fut la part exacte de Panjas dans ces grandes calamités ? Il est difficile de le dire, par suite de la perte du *Procès-verbal*, qui la faisait connaître, pour le diocèse d'Auch. Mais on peut aisément s'en faire une idée, en consultant notre *Pouillé du diocèse d'Aire*. (Paris, chez Maisonneuve, Editeur).

---

(1) Peut-être, publierons-nous tous ces documents qui sont la suite du *Procès-verbal de Claveria*. Ils ne sont point connus.

Pour ne parler que des paroisses limitrophes de Panjas, voici les détails fournis par l'enquête ordonnée, pour le diocèse d'Aire, à la suite des évènements de 1569-70, si funestes à l'Armagnac. Le curé d'Ayzieux, Guilhem Letané, est mis à mort par les huguenots, qui volent tous ses biens.

Pierre Darqué, Jean de Lacroix, Martin Terride, prêtres d'Estang, sont massacrés par les calvinistes. Les églises de la paroisse tombent sous les coups des Religionnaires, commandés par les capitaines Paulin et Caumont. Les églises de Lias et de Marquestau sont pillées et brûlées, comme celles d'Estang. Il en est de même à Maupas, à Monguilhem, etc.

Panjas eut certainement un sort analogue. A ces désastres, vinrent s'ajouter, ensuite, ceux des guerres civiles de la Ligue. Panjas, dut avoir aussi sa part de malheur. En 15C6, Nogaro étant tombé aux mains des seigneurs de Lau et d'autres gentilshommes qui marchaient à sa suite, le chapitre se vit contraint d'épuiser ses dernières ressources, pour payer sa part de contribution, pendant l'occupation qui dura jusqu'en 1589.

C'est alors que les chanoines vendent à *pacte de rachat*, à Raymond de Pardaillan-Panjas, pour la somme de 2,000 livres, leur dîme de Panjas, 15 nov. 1590. L'accord eut lieu au château de Bourrouillan. (1) Ce n'est que contraint par les arrêts du Parlement, que le seigneur de Panjas, rendra plus tard, contre argent, leurs droits aux membres du chapitre.

Impossible de fixer les pertes de Panjas, en ces temps douloureux. Mais elles durent être bien importantes, si l'on en juge par la disparition de son nombreux clergé

Parlant de cette paroisse, le *Pouillé de 1672* (2) s'exprime ainsi : « Il « n'y a point d'annexe, mais attendu qu'il y a messe matutinale en cette « église, le curé ne saurait la servir sans vicaire. » Voilà donc une paroisse qui occupait précédemment six prêtres *à son service ordinaire*, réduite à deux ecclésiastiques!.. ou mieux à un curé, car on déclare le vicaire *indispensable*, en 1672, ce qui montre qu'on l'avait supprimé.

Il y en avait un avant cette date. Au mois de mai 1652, nous y trouvons, en effet, François Bacon, nature bouillante et emportée, qui eut pour ses violences, des démêlés ave la justice et l'officialité diocésaine. Le 20 mai 1652, il s'oublie jusqu'au point de se livrer à des voies de fait sur la personne de Georges Laïlhe, notaire à Nogaro, qui se trouvait, pour affaires, à Panjas. Il y eut débat fort long. Tout s'arrangea,

(1) V. les archives du château de Bourrouillan.
(2) Archives du Grand Séminaire d'Auch.

cependant, le 13 sept. 1652, dit un titre des archives du Grand Séminaire d'Auch.

Le *Pouillé* du diocèse d'Auch, rédigé sous le Cardinal de Polignac, ne mentionne plus le vicaire de Panjas, mais il signale d'autres services dans la paroisse. Parlons-en brièvement.

1º EGLISE DE S. JEAN — Lorsque le siège de la paroisse eut été transféré de l'église de *S. Jean*, dans celle de *S. Laurent*, le sanctuaire primitif de Panjas ne fut pas privé de tout office. Des prébendés eurent mission d'en faire le service.

Un acte du 5 juillet 1574, (1) les signale, à diverses reprises, en indiquant une partie de leurs revenus. Le titulaire de la prébende, en 1574, au lendemain des ravages protestants, se nomme Cuurac.

2º CHAPELLE DU PLANTÉ. — Nous avons vu Arnaud Claveria, chef de la Commission archiépiscopale, sous le cardinal de Tournon, refuser aux fabriciens de Panjas, le droit d'appliquer une partie des revenus de *S. Laurent*, à l'érection d'une *chapelle* qu'ils bâtissaient, alors (1546) « hors et séparée de l'église » principale, pour y faire des processions.

Le *Procès-Verbal* ne dit pas le nom de ce sanctuaire. Mais tout nous porte à penser que c'était *la Chapelle du Planté*, souvent mentionnée, à partir de cette époque, dans les actes officiels de la paroisse.

Le *Planté* était au nord de la ville, à une petite distance et dans le voisinage du beau domaine de la famille Laura. Cette *chapellenie* est mentionnée dans le *Pouillé* de 1672 (p. 124) et le *Pouillé* de Mgr de Polignac en nomme le titulaire (p. 84) : « M. Bouillet, prébendier de Nogaro ». « La chapellenie du *Planté*, ajoute le manuscrit, est dotée d'une maison et bien fonds rural. »

A l'époque de la Révolution, le *Planté* possédait encore (2) une maison de la contenance de deux tiers de place, une seconde maison servant de presbytère et un jardin, de la contenance de 7 lattes. Il avait, en outre, un champ de six lattes, un autre champ et une vigne, 1 journal, 24 lattes de pré, deux autres près appelés : l'un, au *Purgatoire* (1 journal 3 lattes 3/4), l'autre au *Bousqué* (1 journal, 9 lattes), et d'autres terres d'une contenance totale de 15 lattes.

La rente de ces immeubles, était de 4 sacs pour le grain, est-il dit dans les documents de la période révolutionnaire.

(1) Voir les manuscrits de M. d'Aignan du Sendat (vᵉ Panjas) aux archives du Grand Séminaire d'Auch.

(2) Voir les Archives départementales du Gers. — *Domaines nationaux*.

Un prébendier, tantôt présent, tantôt fixé ailleurs, avait le service du *Planté*.

3° ECCLÉSIASTE de Panjas. — Ce bénéfice, primitivement réservé à un étudiant ecclésiastique, est, au dix-huitième siècle, à la présentation du Comte de Parabère. Sous Mgr de Polignac, M. Blaire Derrey, prébendier d'Auch, en perçoit le revenu, qui est de cent livres.

Bien que le clergé paroissial ait subi de notables amoindrissements, la foi est toujours vive, cependant, à Panjas. (1) On n'y compte pas moins de 550 communions, sous l'administration du Cardinal de Polignac. Le revenu de la cure, toute réduction faite, n'est plus, à cette date, que de 500 livres. (2)

Pourrait-il en être autrement ? Les décimateurs de Panjas, sont toujours fort nombreux. En voici l'énumération, d'après l'*Etat des Paroisses du diocèse d'Auch où le chapitre métropolitain est codécimateur*. (Archives du Grand Séminaire d'Auch. Manuscrits du Sendat, p. 147).

1° L'Archevêque d'Auch, *de trente-deux de dixme* prend *six ;* 2° le chapitre de Sainte-Marie d'Auch, quatre et demie, le chapitre de Nogaro, dix et demie, l'Ecclésiaste, trois et M. le Curé huit « sans qu'il y ait pour « le Curé dans toute la paroisse *ni excusat*, ni propria, ni autre droit sur « la dîme que la *quarte* (quatrième partie) dans toute la paroisse. »

Pour le quartier généralement connu, à Panjas, sous le nom de *Parsan de la fabrique*, dit le manuscrit du Séminaire, les décimateurs sont les Jésuites du collège d'Auch « qui de seize de dîme, prennent huit, l'église « de Panjas, quatre et M. le curé, quatre. »

Rien d'étonnant du reste, à la pluralité des décimateurs à Panjas, et moins encore à la perception de la dîme par les chanoines d'Auch et de Nogaro. On n'a pas oublié que Hispan, archevêque d'Auch, avait acheté à beaux deniers ces redevances dues à Gauthier de Terride, seigneur de Panjas, et qu'il en avait fait hommage aux chapitres d'Auch et de Nogaro.

La faible portion réservée au clergé, était le traitement du pasteur de

---

(1) La superstition n'y est pas moins intense, à d'autres époques, en 1644, par exemple. Le 7 juillet de cette année, le Parlement de Toulouse ordonne *l'entérivement* de *Lettres-royaux*, en faveur de Bernard Ducos Sallavert, condamné pour cause de *Sorcellerie*, par le juge ordinaire de Panjas. Ducos a fait appel de sa condamnation et demandé le renvoi de son procès devant les juges compétents de Nogaro. Le Parlement casse la sentence des juges de Panjas. (*Archives départementales du Gers.*) — Panjas avait *haute, moyenne* et *basse justice*.

(2) Voir le *Pouillé de Mgr de Polignac*. (Archives du Grand Sémin. d'Auch.)

la paroisse. D'ailleurs, on ne saurait trouver mauvais que le seigneur pût exercer son droit de dîme sur des terres données par ses ancêtres, à des vassaux, moyennant ce faible tribut. On ne trouverait pas mauvais de nos jours, — bien au contraire — qu'un bourgeois aussi riche que libéral donnât des terres en toute propriété à des familles pauvres, sous la seule réserve, *à perpétuité*, d'un dixième du revenu.

Les dîmes ont une origine de ce genre. Tous les *Vœux, Dénombrements* et *Hommages* jusqu'au moment de la Révolution, en font foi, et la Révolution elle-même, quand elle abolissait ces usages, en a proclamé la légitimité, en accordant une indemnité aux décimateurs, (1) à Panjas, comme ailleurs.

Puisque nous parlons de dîmes, peut-être ne sera-t-il pas sans intérêt d'entrer dans quelques détails inédits sur celles de Panjas ? Nous puisons nos renseignement à une source sûre. C'est un manuscrit de M. d'Aignan du Sendat, (2) déjà cité plus haut : *Etat des Paroisses et Parsans où le vénérable chapitre d'Auch est co décimateur.* Les Recueils de ce genre furent prescrits dans les diocèses, par ordre du *Clergé de France*, le 12 décembre 1726.

D'après notre manuscrit, les habitants de Panjas, comparaissent, le 5 juillet 1574, devant Bernard Cassy, et tous ensemble, d'un accord unanime, ils déclarent payer le droit de dîme « d'ancienne coutume de « tous grains, tant gros que menus, et tant en gerbes que mesurés et du « lin. Le tout, de dix, un. » Pour le vin, il y a un léger désaccord, dans la déclaration des habitants. Selon les uns, il se paie de dix un, et de onze, un, d'après les autres.

Le curé de Panjas prenait la dîme, de dix un, sur les grains et le vin, dans les rues de la ville désignées sous les noms de : *rue d'Euze, rue de Gellas et rue du Mey* (milieu ?) »

Seul, l'archevêque dîmait aux pièces de terre appelées : « *Sabiets de la « dixme de Gellade.* »

Partout ailleurs, dans la paroisse, la dîme était mise en bloc, d'abord, et puis, divisée en seize portions. L'Archevêque d'Auch en percevait quatre, le chapitre d'Auch, trois, le chapitre de Nogaro, sept et les prébendés de *S. Jean*, en recevaient deux.

La dîme du lin, — sauf celle de la graine, qui n'était soumise à aucune redevance, — revenait au curé de la paroisse. Pour le vin, il était évalué

---

(1) V. nos travaux sur *Bourrouillan* (p. 367, etc.), *Monguilhem*, etc.
(2) Archives du Grand Séminaire d'Auch.

à quatre *pipes,* dont une revenait au Recteur, les trois autres étaient réparties entre l'archevêque, les chapitres d'Auch et de Nogaro et les prébendés de *S. Jean.*

De plus, le curé avait droit à une redevance aussi originale que peu lucrative, qu'il faut noter pour son étrangeté : nous ne l'avons pas rencontrée ailleurs.

On lui donnait *deux liards,* pour chaque poulin, ânon, veau et mulet, qui naissait dans la paroisse.

Il avait droit à *un quart de liard,* pour chaque vache, à trois *baquettes* (1) pour chaque agneau et à une *baquette et demie* pour chaque pourceau ou cheval.

Et tout réuni, — dîme, redevances des animaux nouvellement nés, — le curé avait un traitement de *500 livres,* au dix-huitième siècle !.. Il est officiellement constaté dans le *Pouillé du diocèse d'Auch,* sous le cardinal de Polignac.

La Révolution Française mit fin aux redevances féodales.

Mais elle s'engagea à dédommager le Clergé de ses pertes, en lui payant un traitement régulier, qui conserve toujours son véritable caractère *d'indemnité.* Elle ne se borna pas à ces spoliations. Tous les biens ecclésiastiques furent vendus au profit de la Nation, qui chassait les prêtres des églises.

Le 22 germinal, *an II de la République* (1793), l'église *S. Laurent* de Panjas, se voit dévalisée de tous ses ornements. On arrache de son trésor, des vases sacrés, 16 chasubles, 3 pluviaux, 12 aubes et d'autres vêtements sacrés, disent les Archives départementales du Gers.

« Le champ et la vigne de l'église, ajoute une note de la pièce que « nous consultons, (Domaines Nationaux), est *a fesandé* à moitié fruicts. « Le marguillier en retire la moitié de la récolte. »

Vendus aux enchères publiques, le 2 mai 1791, les biens de la fabrique valurent à la Nation, la somme de 4150 livres. Il faut y ajouter 600 livres, provenant de la vente d'un pré, affecté à une fondation obituaire et aliéné, le 22 juin 1791. (2)

Les biens de la chapellenie du *Planté* subirent le même sort que ceux de l'église *S. Laurent.* La maison du chapelain du *Planté,* située dans la ville, fut vendue aux enchères, pour 360 francs. (2 mai 1791).

(1) La *baquette* valait le quart du liard. Il en fallait seize pour un sou. (Cfr. notre volume : *Monguilhem et Toujouse,* p. 353). — Paris, chez Maisonneuve.

(2) V. le revenu de cit *obit,* dans les manuscrits de M. du Sendat, aux archives du Séminaire d'Auch.

Le 23 juin suivant, les terres de la chapellenie étaient aliénées pour 1025 fr.

Le tour de l'église de *S. Jean*, n'était pas encore venu. C'est, seulement le 11 frimaire, *an VII de la République Française*, qu'une affiche annonça la mise en vente « d'une place vacante et murs restant d'une ancienne « église dite de *S. Jean*, située dans la commune de Panjas, contenant « environ mille quinze mètres et demi. » La vente se faisait, en exécution de la loi du 26 vendémiaire, an VII.

M. Vendryès, expert à Nogaro, estima le terrain 200 fr. Au moment des enchères, le 4 nivôse, an VII, dix-neuf feux furent allumés sans résultat. Au vingtième, elle fut adjugée au citoyen Baylac, d'Auch, « pour la somme de 675 fr. »

Pendant ce temps, les églises demeuraient désertes, car les prêtres légitimes, proscrits par les pouvoirs publics étaient toujours en exil. Le peuple, avide de cérémonies religieuses, soupirait ouvertement après le jour, où les temples chrétiens seraient rendus à leur destination.

Le gouvernement révolutionnaire ne pouvait plus se faire illusion. Voilà pourquoi, vers l'an VIII, nous le voyons se relâcher un peu de ses rigueurs passées contre le culte catholique. Aussi, le Préfet du Gers (21 messidor), publie-t-il, alors un *Arrêté*, dont l'article 9 vise « la « réparation et entretien des temples et églises. » »

Aussitôt, les habitants de Panjas, (1) sollicitent du Préfet l'ouverture de l'*église ci-devant paroissiale*, pour y exercer le culte catholique, en se conformant aux prescriptions légales. Un arrêté du 4 fructidor An VIII, leur accorde la faveur demandée et déclare que « la ci-devant église « paroissiale, sera mise sur-le-champ à la disposition des pétitionnaires. »

Malheureusement, les débuts du service religieux, se faisaient, à Panjas, sous de mauvais auspices. « Bernard Lalanne, ministre du culte « catholique ASSERMENTÉ » fut le pasteur choisi pour l'inauguration des cérémonies paroissiales. Il avait mis tout son zèle à faire aboutir la requête des fidèles de Panjas.

Le *Concordat*, en ramenant la paix et l'harmonie dans l'Eglise de France, fit cesser les irrégularités d'une réorganisation sans méthode et fort peu canonique en bien des circonstances. A partir de ce moment,

(1) Panjas se trouve dans le canton d'Estang, à cette époque. Il passera, plus tard, dans celui de Cazaubon.

Panjas renaît à une vie religieuse normale, que nous n'avons pas à étudier ici. (1)

Nous ferons seulement observer que la belle église paroissiale de *S. Laurent*, réclame constamment des secours.

« L'église est en très mauvais état, dit un rapport, en 1845. (2) Elle offre de l'intérêt, sous le rapport de l'art, ajoute le document, et demande de grandes réparations. »

Les *Renseignements statistiques du Gers*, adressés à la Préfecture en 1846, s'expriment dans le même sens : « L'église est en très mauvais état, et même dangereux pour la conservation d'un édifice aussi important et qui offre un véritable intérêt sous le rapport de l'art. L'édifice demande de grandes réparations, aux contreforts, au carrellement, aux vitraux, etc.»

Ce superbe monument d'architeture absorbera, c'est sûr, des sommes considérables, pour retrouver son éclat primitif. On y a travaillé depuis quelques années. On s'en occupe surtout à cette heure, et, bientôt, nous l'espérons, Panjas sera justement fier de son église restaurée. Nous l'abordons, enfin, pour l'étudier telle qu'elle est.

III. — *Eglise S. Laurent, de Panjas*

Bâti sur un promontoire élevé, à l'ouest de la ville, ce monument domine, à la façon d'une forteresse dont le clocher serait le donjon, la riante plaine du Midou, qui coule au midi, de l'orient à l'occident. Lorsque l'observateur du haut du plateau formé par l'ancien cimetière, porte son regard au sud et à l'ouest, il voit se dérouler devant lui un splendide panorama : Espagnet, Laujuzan, Monlezun et les communes qui les suivent dessinent comme un gigantesque rideau de verdure, aux plis ondoyants déterminés par de gracieux coteaux.

EXTÉRIEUR. — Ce qui frappe d'abord, c'est la différence de style dans l'architecture de l'église. On en sait les raisons. Les longues luttes de la *Guerre de cent Ans* furent fatales à nos sanctuaires de l'Armagnac. Celui

---

(1) *L'organisation du diocèse d'Agen*, — (Département du Gers) — porte cette mention : *Panjas, Bugat, y desservant*. Bugat est donc curé de Panjas, à l'époque du Concordat. Le clocher s'enrichit, en 1803, de deux belles cloches qu'on y voit encore. L'une, au midi, porte cette inscription : *J. M. J. Parrain, Sitoien Simon Ducom, marraine, Marie Marrast*. L'autre, au nord, présente cette mention : *M. J. M. Le Ferrier, officier de santé, hant de cette commune, marraine, dame Marie-Anne Nogués, son épouse, Daugé, maire de Panjas*.

(2) Archives de la Préfecture du Gers.

de Panjas vraisemblablement transformé en citadelle, comme la plupart des autres du pays, perdit sa nef dans la tourmente. .

Il ne devait la retrouver qu'après les hostilités, lorsque les archevêques d'Auch eurent autorisé les ouvriers ou fabriciens à employer à sa restauration les revenus de la Fabrique. Tout nous porte à penser que ce travail remonte tout à fait aux dernières années du quinzième siècle, ou aux premières du seizième, au plus tard.

Soutenue par dix puissants contreforts très saillants, (5 au nord et 5 au midi) la nef présente quatre baies gothiques inégales au nord et au midi des murs primitifs. La face de l'ouest, maintenant terminée par un fronton avec croix en pierre n'eut point d'ouverture jusqu'à ces derniers temps. On y voit aujourd'hui un bel *Occulus*, ou mieux une Rosace à verres peints archivoltée, qui domine un portail gothique, où l'on croit reconnaître les procédés de la sculpture, en honneur vers 1500.

Ce portail occupait, il y a peu d'années encore, le milieu du mur méridional de la nef, compris entre le second et le troisième contreforts, quand on marche de l'ouest à l'est.

L'arc intérieur du portail est en *anse de panier* très surbaissée. Des moulures toriques disposées à gauche et à droite, descendent méthodiquement des deux côtés de la large baie, pour former des colonnettes avec piédestal à moulures.

Deux colonnettes d'un diamètre plus grand, établies sur des bases de même genre, montent en encadrant les premières et vont déterminer, au sommet, un nouvel arc en ogive au centre duquel se développe un tympan avec console ouvragée, assez saillante, qui dut, jadis, soutenir la statue du patron de l'église.

Le portail ogival s'abrite sous une archivolte soutenue, au nord et au midi, par des consoles à personnages faisant fonction de cariatides. Deux séries de chapelles (4 au nord et 4 au midi) s'étendent entre les contreforts de la nef.

Ne cherchons pas la régularité de l'*appareil* dans les murs de la nef, construits en pierre du pays. Mais nous la rencontrons au chevet, qui se détache, à l'est, au midi d'une belle tour rectangulaire, avec flèche ogivale, soutenue par huit pans coupés ornés de fenêtres gothiques au second élément du clocher, dans lequel on distingue trois parties.

La base rectangulaire n'a qu'une fenêtre ogivale à deux meneaux au nord. Le milleu de la tour devient octogonal et présente un pyramidion à chacun de ses angles supérieurs. Du milieu de la plateforme avec galerie octogonale, ménagée au sommet du beffroi, s'élance une flèche hardie à huit pans, que la foudre a frappée bien souvent.

Quand on porte le regard sur l'un des pans coupés du milieu du clocher au sud-est, on regrette de n'y plus rencontrer que les traces d'une gracieuse tourelle circulaire, dont l'escalier à vis permettait jadis aux visiteurs, ainsi qu'aux défenseurs de la place, de parvenir aux divers étages de la tour, grâce aux deux portes qu'on aperçoit encore au flanc de l'édifice.

Avant de pénétrer dans l'église admirons la symétrique harmonie du grand appareil du chevet semi-circulaire. L'abside présente une fenêtre romane au levant. Deux absides, l'une au nord, l'autre au midi, encadrèrent sûrement, à l'origine, cette partie du monument, la seule qui ait survécu aux ruines du quatorzième et du quinzième siècle.

Le chœur est soutenu par deux lignes lombardes, faisant fonction de contreforts. Il présente, au sud-est, une tourelle rectangulaire bâtie en grand appareil et dominant d'un mètre environ les combles de l'abside. Jadis, on y pénétrait de l'intérieur de l'église par la porte ménagée dans la troisième arcadure méridionale du chevet. On y monte aujourd'hui, par une porte de la sacristie moderne qui s'élève à l'angle formé par les murs de la nef et de l'abside.

Les marches usées de l'escalier en pierre de la tourelle témoignent de l'usage fréquent qu'on dut en faire aux temps troublés où l'église devint le château-fort de la cité.

Intérieur. — Si le regard du visiteur est d'abord satisfait, quand on entre dans la nef de Panjas, il ne tarde pas à souffrir d'un défaut d'harmonie entre la hauteur, la largeur et la profondeur du monument. La longueur de l'édifice, manque, en effet de proportion avec les autres dimensions. Mais on se trouve à l'aise, malgré tout, dans cette belle nef dominée par une haute voûte à nervures saillantes reliées par des clés en pierre, ornées de bas-reliefs. S. Laurent figure à la clé voisine du sanctuaire. On croit retrouver son image, avec la palme du martyre à la seconde, en entrant, tandis que la Vierge-mère paraît décorer la seconde. La première est couverte de roses ou fleurons épanouis.

Six colonnes à base attique (trois au nord et trois au midi) divisent la nef en quatre larges travées éclairées au sommet, par huit fenêtres ogivales, à sommet trilobé — quatre de chaque côté — qui se font remarquer par l'inégalité de leurs dimensions.

Les colonnes engagées de la nef, n'ont point partout le même aspect.

D'abord circulaires, deux à deux, elles affectent, ensuite, près du sanctuaire, une allure prismatique. Les pans coupés des deux dernières, n'ont pour chapiteau que des moulures à boudin. Au contraire le fût des quatre premières est couronné par des dessins à rinceau, à fleurons et à faces humaines. Mais partout, ces chapiteaux simulés très étroits servent de base aux arcs doubleaux et aux nervures de la voûte.

Afin de se conformer aux traditions reçues dans les églises au quatorzième, au quinzième siècle et plus tard, encore, on a voulu donner des chapelles rayonnantes à la nef de Panjas. On n'en compte pas moins de huit. L'une d'elles, la seconde en entrant, au midi, est tout-à-fait récente et se trouve formée par le porche du portail gothique, autrefois établi à cette place. Mais celle-ci comme les autres est voûtée en croisée d'ogive, et communique par un arc ogival avec la nef. Toutes se trouvent encadrées par les contreforts du nord et du midi de l'édifice. (1).

Elles seront prochainement décorées de beaux autels, en marbre, de peintures artistiques, et toutes seront pourvues d'une fenêtre ogivale.

Ne quittons pas la nef sans remarquer, au nord, en avant du mur de séparation des deux chapelles de la *Compassion* et de *S. Joseph*, la lourde chaire en pierre, qui se détache en saillie, sous la forme d'un ambon circulaire, à base conique. On y monte par l'escalier en pierre ménagé dans l'épaisseur du mur de refend, formé par le contrefort. (2)

Le diocèse d'Auch, à notre connaissance, ne possède que quatre ambons de ce genre, en dehors de ceux de la métropole, savoir : celui de Panjas, celui de Ladevèze celui du Couvent de Marciac, ancien Monastère des Augustins, et celui de l'église paroissiale de Bassoues.

Si nous regardons vers l'orient, nous voyons se dresser devant nous une haute arcade romane dominant l'autel paroissial. C'est l'arc triomphal du chevet, où nous aurons à pénétrer bientôt, en avant duquel se détache, dans la nef, un avant-chœur factice tout à fait moderne, que nous longeons, pour le moment, au nord, afin de pénétrer dans la base de la tour du clocher. Après avoir franchi la modeste porte ménagée dans le mur oriental de la nef, au nord, nous nous trouvons dans une

---

(1) La largeur moyenne des chapelles est de 4 m. 73; leur profondeur de 3 m. 47. Elles sont généralement éclairées par une petite fenêtre. Leur niveau s'élève d'une trentaine de centimètres, au-dessus de l'aire de la nef. Les chapelles du nord ont pour vocable : 1· *S.-J. Baptiste;* 2· le *Purgatoire;* 3· la *Compassion;* 4· *S. Joseph. S. Bernard*, est patron de la 3º, au midi.

(2) L'*ambon* proprement dit de la chaire est en *pierre d'Aignan ;* la base conique est en pierre du pays, de l'avis des spécialistes que nous avons consultés.

vaste salle voûtée en croisée d'ogive, portant un écusson à la clé qui sert de point de jonction aux nervures. Elle est vivement éclairée par la fenêtre ogivale à deux baies, du nord, décrite à l'extérieur.

C'est ici que se trouvait, autrefois, la chapelle de *Ste-Anne*, (1) dont l'autel adossé au mur méridional, était pourvu, à droite, d'une magnifique crédence à arc en contre-courbe, dominé par un *finial* épanoui. Les compartiments supérieurs de la tour, accessibles par la tourelle extérieure, servaient seuls, aux miliciens, chargés de protéger la ville. Un mauvais escalier en bois, placé dans ce couloir permet, aujourd'hui de monter au beffroi. Le rétablissement de la tour démolie et la suppression de la petite porte du levant, auront pour effet de doter l'église de Panjas d'une magnifique salle, susceptible de devenir chapelle de congrégation ou de catéchisme.

Sans pénétrer dans la sacristie méridionale, où nous n'aurions qu'à regretter ses petites dimensions, gravissons les degrés de l'avant-chœur, dominés par une balustrade en fer et parcourons, enfin, le *chevet* désormais historique, de Panjas.

CHEVET. — Notre étude aura deux parties. Dans la première, nous décrirons l'abside au point de vue de l'architecture. L'examen détaillé des peintures est réservé à la seconde.

I. — ARCHITECTURE. — Le chevet de Panjas est un morceau achevé d'architecture romane. Volontiers, nous l'attribuerions à la fin du onzième siècle ou au douzième, au moins, tout en reconnaissant que les procédés romano-byzantins furent en honneur dans nos contrées, même en plein treizième siècle. La découverte d'un titre authentique pourra seule, donner la solution de ce problème.

Quoi qu'il advienne, admirons, sans plus tarder, la belle ordonnance de l'abside, uniquement éclairée à l'est, par un vitrail peint, moderne (il date à peine de quelques années), qui représente S. LAURENT, debout, portant la palme du martyre dans la main droite et, dans la gauche, un livre fermé.

Le chœur a 8^{m}95 de profondeur sur 4^{m}75 de largeur. Sa hauteur, est de 8^{m}10 centimètres. (2)

A l'entrée du chevet, l'arc triomphal est soutenu, au nord et au midi,

---

(1) Dimensions de la Chapelle : *Largeur*, de l'est à l'ouest, 5 m. 54 ; *Longueur* : 8 m. 83 ; *Hauteur* sous clé, 8 m. 52.

(2) La longueur de la nef de l'église est de 25 mètres sur une largeur de 12 mètres 60 et sa hauteur, sous clé, a 14 mètres 45. La longueur totale de l'église est de 34 mètres 18.

par le chapiteau ouvragé d'une colonne cylindrique engagée, à base attique. Un personnage se montre au chapiteau septentrional : il repose ses mains sur deux sortes de lions. On y remarque aussi divers personnages couchés qui tiennent des palmes dans leurs mains et décorent le chanfrein. Au sud, le chapiteau n'est orné que de feuillages ciselés.

Sous l'arc triomphal se détache, à l'entrée du chevet, un superbe autel moderne en marbre blanc, ayant à sa face antérieure, trois panneaux déterminés par des colonnettes de marbre d'un beau rouge. Chaque panneau présente un bas-relief. Au centre, le Sauveur attire à lui *tous ceux qui souffrent ici-bas. Saint Laurent* paraît dans le panneau de gauche; celui de droite représente *saint Jean-Baptiste*, patron du généreux donateur, M. LAJUS, avocat, à Panjas.

Le tabernacle, surmonté d'un beau *ciborium* à quatre colonnettes portant un édicule octogonal roman avec croix pour finial, est soutenu par un riche retable à trois panneaux, avec fond en marbre d'un rouge sans éclat trop bruyant.

L'abside semi-circulaire, au levant, s'abrite sous une voûte romane, en pierre, soutenue par une corniche saillante avec *oves*, qui fait le tour du chœur, à hauteur du cintre de la fenêtre terminale. Une seconde corniche, court autour de l'édifice, dominant la belle série d'arcatures romanes, que nous avons à étudier.

Entre l'arc triomphal et la série des arcatures, se dessinent deux arcs cintrés, soutenus, à l'est, par le chapiteau des premières colonnettes. Panjas fut autrefois doté, sinon d'une *consorce*, ou d'une collégiale, au moins d'un monastère, (1) d'après une tradition constante et des écrits, assure-t-on. Nous savons, de plus, que la paroisse possédait encore, au seizième siècle, un clergé fort nombreux auquel semble avoir été destinée, la série de stalles en pierre que nous avons à visiter.

Les arcatures romanes de Panjas, sont au nombre de huit. Elles sont déterminées par autant d'arcs soutenus par des colonnettes cylindriques, à base attique variée, dominant un stylobate, en forme de *banc des pauvres*, selon les pratiques anciennes. Cette banquette en pierre, est de nos jours, trop élevée au-dessus du sol. Il sera aisé de lui rendre ses véritables dimensions, en surélevant légèrement l'aire du sanctuaire.

On remarquera la correction des cintres de la série des arcatures. Mais

(1) Le monastère de Panjas se trouvait près de l'église, dit-on, sur le terrain occupé par la maison de M. Lajus, avocat, où d'autres placent le château primitif de la localité.

ce qui demande à être, surtout, noté, ce sont les chapiteaux historiés soutenus par les neuf colonnes à beau galbe de l'abside.

Nous décrirons ces chapiteaux, en commençant par le nord, et en nous dirigeant vers l'est et le midi.

Ier CHAPITEAU. — Une double série de feuilles décore la corbeille du chapiteau, orné de fruits cordiformes, au-dessus desquels on aperçoit sur le chanfrein, l'épanouissement de moulures qui déterminent des fleurons et des feuilles multiples.

2e CHAPITEAU. — Des fleurons au centre évidé, couvrent le chanfrein du chapiteau, où l'on observe quatre lions affrontés, deux à deux, aux angles, de manière à déterminer avec leur tête des volutes fantastiques.

3e CHAPITEAU. — Le chanfrein présente des fleurons épanouis encadrés dans des frettes. Deux séries de larges feuilles décorent la corbeille, dont les angles sont pourvus de deux sortes de *pointes de diamant*, très saillantes.

4e CHAPITEAU. — Au chanfrein, des cercles encadrent des fleurons. Ici, encore, au chapiteau proprement dit, sortes de pointes de diamant, aux angles. Dans la corbeille, deux séries de feuilles s'étalent avec grâce, ornées d'oves au sommet.

5e CHAPITEAU. — Simples moulures au chanfrein. Dans la corbeille, les feuilles traditionnelles sont remplacées par quatre têtes prismatiques de diamants et les volutes classiques présentent la forme originale d'une pigne ordinaire.

6e CHAPITEAU. — Des entrelacs dominés par des dessins perlés, couvrent le chanfrein, s'arrondissant avec harmonie, pour encadrer des fleurons épanouis.

Des pointes de diamant, remplacent les volutes aux angles du chapiteau, dont la corbeille est chargée de feuilles épanouies, volutées, au sommet, en forme d'ove.

7e CHAPITEAU. — Des bandelettes encadrent des sortes de fleurs de lis, dans le chanfrein. La disposition de la corbeille du chapiteau est celle du chapiteau, que nous venons d'examiner.

8e CHAPITEAU. — Deux oiseaux aux ailes éployées semblent se battre, à la face antérieure du chapiteau, tandis qu'à l'est, on découvre trois fleurons épanouis et à l'ouest, une sorte de léopard, qui présente sa tête à l'angle nord-ouest.

Quatre pointes de diamant, paraissent aux angles du chapiteau, dont le centre est occupé par une espèce de tête de lion fantastique.

Solidement établis avec leurs griffes sur l'astragale de la colonnette, à la base du chapiteau, quatre oiseaux fabuleux arrondissent leur cou, de manière à déterminer avec leurs têtes, des volutes aux angles.

9° CHAPITEAU. — Des bandelettes formant des entrelacs s'épanouissent en fleurons, au chanfrein. Deux séries de feuilles avec oves, au sommet, décorent le chapiteau, où les volutes sont remplacées, aux angles, par quatre pointes de diamant.

II. — PEINTURES ROMANES DU CHEVET. (1) — On peut diviser en quatre éléments, les superbes peintures romanes que nous allons décrire. Au fond, dans la région des arcatures, ce sont les apôtres et les prophètes; — 2° au centre, entre les deux corniches saillantes du sanctuaire, c'est le parallélisme saisissant de la mort du Sauveur et du martyre de saint Laurent, patron de l'Eglise. Enfin, à la voûte, c'est la consommation dans la gloire, le règne du Sauveur au milieu des élus dans le ciel.

I. — PROPHÈTES ET APOTRES. — Cette première série, quoique fort remarquable, est moins importante que les trois supérieures. Elle a subi, d'ailleurs, de profondes modifications, nous avons pu le remarquer avec les restaurateurs, qui ont bien voulu nous faire part de leurs observations.

Il est hors de doute que le chevet de l'église de Panjas a subi, à sa base, — mais pas plus haut, selon toute apparence — les violences de deux ou trois incendies. Le premier semblerait remonter, d'après les traces que nous avons notées, sous la truelle des ouvriers, aux temps primitifs de l'église, qui fut ensuite simplement blanchie.

(1) Une erreur involontaire nous a donné dans le *Bulletin de Borda* [Janvier-Mars 1892, p. XXXVII], comme l'auteur *des découvertes faites dans l'église de Panjas*. Nous nous sommes fait un devoir de décliner aussitôt cet honneur, le laissant tout entier à ceux qui sont en droit de le revendiquer. Sans doute, nous avons soupçonné l'existence de ces peintures dans deux monographies manuscrites [en 1881 et 1888], mais nous nous sommes borné à désirer qu'on fît des fouilles. Du reste, il n'était pas nécessaire de réfléchir longtemps pour conclure à l'existence de peintures anciennes dans le chevet de l'église de Panjas. Une tache coloriée, très apparente, rendue plus sensible encore par un *grattage* qui remonte à quelques années, ne laissait aucun doute aux habitants de la localité.

Voici en effet, l'attestation écrite qu'on nous faisait l'honneur de nous adresser, il y a quelques mois :

« Nous soussignés, déclarons avoir remarqué, il y a *plus de vingt ans*, une tache fond rouge un peu étendue à la voûte du chœur de l'église, au côté gauche, au-dessus de l'autel ; ce qui donnait à croire qu'il y avait eu des fresques dans le temps. Mais on ignorait complètement si d'autres traces s'étaient conservées sous le badigeonnage. — Signés : *Victor Bandé, H- Mongis, J. Duvivé, Lusson, C. Rimajou,* aîné, » habitants de Panjas.

Bien peu de temps après, on dut passer un enduit sur cette couche, car la chaux remarquée sous le stuc était d'une blancheur si éclatante qu'elle ne portait la trace d'aucune altération.

Un second incendie paraît avoir détruit ensuite les peintures actuellement restaurées (*Prophètes et Apôtres*), qui furent tracées à l'origine, comme des *aquarelles* ou des *gouaches*.

Moins finement traités que les peintures supérieures, ces panneaux présentent divers personnages plus grands que nature, dans lesquels on reconnaît aisément les *Prophètes* et les *Apôtres* ou mieux les Ecrivains sacrés. Chacun d'eux portait son nom écrit en caractères de belle dimension. Un seul de ces noms a survécu aux destructions des siècles. C'est celui de *Jérémie*, à la sixième arcature, en partant du nord-ouest : HEREMIAS.

L'identification des divers personnages est assez difficile ; car si l'on peut aisément distinguer S. JACQUES LE MAJEUR, au 5ᵉ panneau, grâce au chapeau à coquilles de mer qu'on observe sur la tête du patron de l'Espagne, ou David avec sa harpe, sous la huitième arcature (1) au midi, il n'en est pas de même pour la plupart des autres. En tout cas, on constate sans peine le parrallélisme manifeste établi par l'artiste entre les *Prophètes* de l'Ancien Testament et les *Ecrivains sacrés* de la Loi Nouvelle.

Placés deux à deux sur une plate-bande peinte, dans les huit principales arcatures (sauf dans la huitième, où nous trouvons David), nos saints personnages s'entretiennent avec vivacité, paraissant marquer par leurs gestes animés les points de contact entre les paroles de la *Promesse* et celles de l'*Accomplissement*. Les uns tiennent des rouleaux (philactères), les autres des livres reliés avec goût. Toutes les têtes sont ornées d'un double nimbe et chaque arcature porte un double panneau peint : *rouge* et *azur*.

Seuls, les deux panneaux plus étroits, compris entre l'arc triomphal et la série des arcatures proprement dites (huit) ont un fond uniforme sur lequel se détachent des personnages qu'on prendrait, surtout à gauche, (nord) pour des disciples de S. Laurent, à cause de la tonsure qui se dessine sur leur tête.

Divers motifs d'ornementation romane, combinés avec des personnages

____

(1) On reconnaît ici, la trace de la porte qui donnait accès dans la tour signalée plus haut. La harpe de David couchée horizontalement et surmontée d'une sorte de clavecin domine le linteau de la porte.

armés de signes symboliques, s'étalent avec élégance sur les arcs cintrés des arcatures, que nous franchissons rapidement, afin de parcourir les grandes scènes historiques, où nous remarquerons un procédé artistique tout différent.

Pourquoi n'en indiquerions-nous pas dès à présent, les caractères généraux ?

Sans pouvoir rien affirmer, on peut supposer que ces peintures furent tracées sur un enduit de chaux et de sable et faites à la fresque ou au blanc d'œuf, selon l'avis du restaurateur.

Sur cet enduit ou *stuc*, on fit d'abord l'esquisse en *rouge-brun*. Puis, on repassa une *teinte locale* sur chaque vêtement. Et, pour imiter les plis des costumes, on fit des traits en brun, qui, bien qu'imitant les mouvements du corps, laissent paraître des dessins et forment, parfois, une ornementation d'un goût incontestable.

En certains cas, le peintre, après avoir passé la première teinte, se plaît, à donner certains *rehauts*, des retouches très claires au lieu de s'appliquer à imiter les plis. Vient ensuite un *glacis* de la *teinte locale*, qui forme, avec les traits des plis, un moiré délicat. Ailleurs, après la teinte locale, l'artiste fait les plis des draperies avec une couleur *brun foncé* et passe des tons clairs pour donner plus d'éclat et de relief aux étoffes. Mais généralement il ne procède de la sorte, que sur les bords des draperies.

Les amateurs pourront observer qu'ordinairement les plis sont tracés avec une couleur *brun-foncé*. Il faut noter une exception pour le *bleu verdâtre* ou ton *feuille-morte*, surtout au manteau du Sauveur.

Mais tout cela demande à être étudié sur place. Aussi convions-nous les artistes à visiter les belles galeries que nous allons examiner, dans les trois articles suivants.

Nous noterons, avant de commencer, que dans les scènes du martyre de S. Laurent et de la Passion, les saints personnages portent une longue robe, tandis que la plupart des autres sont en chlamide, avec bas serrés, ou sans bas et souliers très pointus.

II. — MARTYRE DE SAINT LAURENT. — Cette page sublime écrite, à Panjas, en caractères accessibles à tous, au moyen-âge, c'est-à-dire en peinture murale, se trouve fidèlement analysée dans les *Bollandistes*. Elle se divise en sept tableaux. Nous les étudierons en partant du nord vers l'est, pour revenir à l'occident.

Iᵉʳ TABLEAU. — *Rencontre de Sixte et de Laurent.* — Saint Sixte, chef des chrétiens à Rome, sous l'empereur Valérien, s'est fait remarquer par son zèle pour la foi. Valérien, pour se venger, veut l'obliger à brûler de l'encens aux idoles. Le vaillant pontife résiste. On le jette dans la prison Mamertine, chargé de chaînes et de fers, en attendant l'heure du martyre.

A la nouvelle de sa passion prochaine, Laurent, son diacre fidèle, court au devant de celui qu'il regardait comme un père et lui adresse le discours si connu par le récit de saint Ambroise : « Où allez-vous, mon « père, sans être accompagné de votre enfant? etc. »

Le diacre veut mourir avec le *saint prêtre*. Saint Sixte proteste qu'il ne veut pas abandonner son fils ; mais la foi de J.-C. appelle Laurent à de plus grands combats. Son heure n'est pas encore venue. D'ailleurs, Elie montant au ciel n'a-t-il pas laissé Elisée sur la terre ? « Prenez « soin, seulement, ajoute le Pontife, de distribuer selon votre prudence, « les trésors de l'Eglise que je vous ai laissés. »

Saint Sixte donne ensuite le baiser de paix à saint Laurent, qui va s'éloigner pour accomplir les vœux du prélat prêt à mourir.

Tout cela se trouve dans le panneau qui se déroule sous nos yeux. Il y a six personnages. Saint Sixte, mitre en tête et portant la crosse dans la main gauche, s'avance vers l'est, accompagné de Félicien et d'Agapit, sans doute, nu-têtes et armés, l'un d'un rouleau, l'autre d'un livre fermé. Deux bourreaux, marchent en avant du pontife, qu'ils traînent par la corde passée autour de son cou.

C'est alors, qu'apparaît, à droite, le diacre Laurent. Il se montre en avant d'une porte romane près de laquelle on aperçoit un arbre sec à cinq branches, et tend ses mains vers le patient, auquel il adresse son émouvant discours.

II* TABLEAU. — *Saint Laurent chez la veuve Cyriaque.* — Laurent, fidèle à la mission qu'il a reçue de saint Sixte, se met à la recherche des pauvres de J.-C., auxquels il distribue de larges aumônes et des soins de toute espèce. Sous le panneau à sommet surbaissé du second tableau, voyez-le, à gauche. Il est à genoux et le nimbe rayonne autour de son front. Le saint diacre lave les pieds aux fidèles réfugiés chez Cyriaque et leur remet l'obole de la charité. Celui que nous apercevons devant lui, lève sa tunique avec la main gauche et présente une pièce de monnaie dans la main droite. Quatre autres pauvres debout, montrent aussi l'obole qu'ils ont reçue. Ils entourent le saint, qui reparaît plus loin, vers l'est, avec son auréole de sainteté.

Ici, il est debout devant la veuve Cyriaque agenouillée et implorant le secours du Bienheureux. Elle souffrait depuis longtemps d'horribles maux de tête. Le Saint la guérit, en appliquant un remède sur sa tête et en la bénissant. Saint Laurent tient la main droite, armée d'une espèce de pilon, au-desus du front de la veuve. Il porte dans la main gauche, une sorte d'écuelle.

III⁰ TABLEAU. — *Saint Laurent aperçoit saint Syxte allant au martyre. Il lui rend compte de sa mission et tombe lui-même entre les mains des bourreaux.* — La nuit qui suivit la première rencontre de Sixte et de Laurent, s'était écoulée, pour ce dernier, dans l'exercice de toutes sortes d'œuvres de charité. Les pauvres chrétiens souffrants avaient reçu ses meilleurs soins et ses aumônes.

Le lendemain, il aperçut le Pape allant au supplice : « Saint Père, lui « cria-t-il, du plus loin qu'il l'aperçut, Saint Père, ne m'abandonnez pas. « Vos ordres sont accomplis. Les trésors que vous m'aviez confiés sont « déposés entre les mains des pauvres. »

A ce mot de *trésors,* les gardes qui marchaient près du pontife, se saisissent de Laurent, qui est successivement interrogé par Valérien et le chevalier romain, Hippolyte. Celui-ci fait jeter le Bienheureux dans un cachot.

A gauche, dans le troisième tableau, saint Laurent nimbé et debout marche vers saint Sixte en mitre et la crosse à la main. Il porte une escarcelle dans la main gauche et élève la main droite, en parlant.

Le pape se retourne vers lui, en montrant avec la main droite l'un des deux diacres, placés à ses côtés, qui porte la tonsure et tient un livre sur sa poitrine avec la main gauche.

Mais l'heure du sacrifice est arrivée pour Sixte. Un bourreau, l'index en l'air, la bouche béante, commande à la victime de hâter le pas. Saint Sixte est déjà à genoux, à droite. Un bourreau tourné à l'est, se penche vers le pontife agenouillé, dont il tient la mitre (ou la tiare) avec la main gauche, tandis qu'il lui tranche la tête d'un coup de glaive, avec la droite.

On voit, à côté, le corps gisant de l'un des deux diacres, qui accompagnaient le saint. La tête est séparée du tronc. Le drame continue dans le même panneau, à la suite des sept premiers personnages.

Saint Laurent, nimbé et debout, est saisi au collet et aux bras, par des gardes eu fureur, dont un, celui de droite, est coiffé d'un large chapeau à rebords rabattus. Un autre sbire s'avance, à droite, vers le groupe qui précède, afin de prêter main forte à ses compagnons. Sa bouche béante, ses bras tendus vers le martyr, dénotent l'état de fureur qui domine son âme.

On ne compte pas moins de onze personnages dans le tableau, que le vitrail du chevet, sépare du quatrième grand panneau, où nous allons retrouver l'illustre diacre.

IVᵉ TABLEAU. — *Saint Laurent, opère des prodiges dans sa prison.* — Hippolyte, le chevalier romain chargé par Valérien d'interroger Laurent sur les trésors qu'il tenait de saint Sixte, avait jeté le saint diacre dans un cachot, déjà peuplé de prisonniers. L'un de ceux-ci, Lucille, se trouvait aveugle par l'excès des larmes que la douleur lui arrachait.

« Croyez en J.-C., lui dit Laurent, et je vous guérirai. » La réponse fut prompte. « Depuis longtemps, reprit Lucille, je soupire après les joies du « baptême. » Aussitôt, comme le rappelle notre tableau, le saint diacre nimbé, porte les doigts de sa main droite sur les yeux de l'aveugle, qui élève les mains devant sa poitrine. Il le guérit et le baptise.

Un des compagnons du prisonnier, soutient Lucille miraculé et deux autres détenus parlent avec animation du prodige, dont ils sont les témoins. (Cinq personnages).

Vᵉ TABLEAU. — A la suite de ces évènements qui ont un grand retentissement à l'extérieur, l'agent de Valérien, Hippolyte, prie saint Laurent, avec douceur, de lui montrer, enfin, les trésors de l'Eglise. Le saint le convertit. Mais l'empereur persiste dans sa haine et somme le saint diacre de lui montrer les richesses qu'il cache. Le martyr a demandé trois jours pour réunir les *trésors de l'Eglise.* Le monarque les lui accorde.

Ce terme écoulé, voici l'empereur couronné dans son palais. Il est assis sur un siège royal à droite du panneau. Sa main gauche repose sur l'un des bras du trône. Le prince tient la main droite levée, en avant, vers S. Laurent. Sous l'inspiration de Satan, à face humaine, qui se tient, ricanant, la queue contournée, le front orné d'un diadème formé par sa chevelure hérissée, Valérien prononce l'arrêt de mort contre Laurent nimbé, que nous apercevons, à gauche, disant à l'empereur : « Prince, voilà les trésors de l'église !... » et il lui présente les pauvres, les boîteux, les aveugles qu'il a pu rencontrer.

Nous en comptons six. Presque tous sont armés de bâtons ou de béquilles. On y distingue un cul-de-jatte en capuce et un mendiant avec capuce aussi. Tous ces infortunés portent la *panetière* ou une hotte, simulant une sorte de capuce.

6e TABLEAU. — *Martyre de S. Laurent*. — Le langage inattendu du saint diacre, la révélation de l'étrange trésor qu'il offre, au prince en lui disant : « Ces trésors de l'église augmentent toujours et ne diminuent jamais, tout le monde peut se les procurer » tout cela, met Valérien hors de lui-même. Laurent périra par les plus horribles supplices, le prince le déclare.

L'empereur veut présider lui-même, les tourments qu'il ordonne. Nous le voyons au centre du tableau, majestueusement assis sur son trône. Il tient un sceptre trilobé dans sa main gauche, et sa main droite est levée devant sa poitrine.

A notre gauche, S. Laurent nimbé et couché est flagellé et battu de verges. L'un des bourreaux, à gauche, tient un martinet plombé ; un autre, devant lui, est armé de verges, un troisième d'un dard à lance et un quatrième enfonce une fourche dans le corps du Bienheureux, sous lequel on distingue des tenailles, une massue à poignée avec des dents de pigne.

Dans le panneau de droite (gauche de l'empereur) S. Laurent, les pieds chargés de chaînes, paraît couché sur le lit de fer, en forme de gril, que l'empereur a prescrit de dresser au-dessus d'un feu de charbons, pour faire rôtir le Bienheureux, qu'il insulte vainement, et presse plus vainement encore, d'adorer les faux dieux.

— « Vois, lui dit le patient, mes chairs sont assez rôties d'un côté, tourne-moi de l'autre. » Puis il ajoute, avant d'expirer : « Maintenant que ma chair est assez rôtie, tu peux en manger. »

Le feu paraît sous le gril. Un personnage agenouillé devant le trône, attire les charbons, au moyen d'une fourche. Un second bourreau, à droite, enfonce une fourche dans la bouche du martyr que deux autres torturent avec une sorte de râteau *(scorpion ?)* et le dard d'une lance.

Si nous portons nos regards un peu plus haut, nous apercevons un ange ailé qui plane au-dessus de la victime, qu'il réconforte, en lui montrant le ciel. La scène est dominée par un nuage d'où nous voyons émerger un nimbe crucifère avec un bras mystérieux. C'est la main du Sauveur, ouvrant le ciel à son élu !...

7e TABLEAU. — *Sépulture de S. Laurent*. — *Miracles qu'il opère*. — Après le supplice, Hippolyte, converti par le saint diacre, et le prêtre Justin, donnèrent la sépulture au corps du Bienheureux, que nous voyons à droite, dans le panneau, couché dans son tombeau, le front orné d'un nimbe. Au-dessus, S. Laurent dans la gloire, simulée par l'amande symbolique, au centre de laquelle nous l'apercevons, étend les bras en faveur des infortunés qui l'implorent.

Cinq oiseaux symboliques se montrent autour du tombeau entouré de huit suppliants (hommes et femmes) qui implorent l'assistance du saint. L'un d'eux a obtenu sa guérison. Il porte ses béquilles sur l'épaule. Un autre, agenouillé au fond, montre ses yeux malades et sollicite une faveur.

Dix personnages figurent dans ce tableau de l'apothéose de S Laurent.

III. — PASSION DU SAUVEUR. — La pensée de l'auteur des Peintures de Panjas, n'est point douteuse, il a voulu marquer le parallélisme de la passion du Christ et de son saint. Voilà pourquoi, dans la seconde zône, qui domine celle que nous venons d'examiner, et dont elle est séparée par une simple plate-bande couverte de motifs divers d'ornementation, nous apercevons sept tableaux, comme dans la première. D'ailleurs, ici, comme là, l'artiste s'est appliqué à marquer la suite des scènes, en les simulant dans des compartiments, reliés entre eux, au moyen de baies de communication. De cette façon, les deux drames présentent l'intérêt d'un récit parfaitement uni.

La passion du Sauveur, débute, au nord, par l'entrée triomphale à Jérusalem.

1ᵉʳ TABLEAU. — *Marche triomphale du Sauveur.* — A gauche, cinq apôtres nimbés, portant un livre d'une main, une palme de l'autre, marchent à la suite du divin maître, à cheval sur une ânesse, accompagnée de son ânon, sur lequel le Sauveur, orné d'un nimbe crucifère, repose son pied droit, conformément au récit évangélique. Sa main droite est levée pour bénir. Il tient, avec la gauche, le licol de la bête, marchant à l'est, en face d'un arbre où deux personnages en chlamyde l'acclament en faisant tomber des feuilles sur son passage. « *Hosanna ! gloire au Fils de David !* » lui crie un autre personnage, en avant d'une grande et haute porte romane, devant laquelle, il étend une draperie, pour faire honneur au *Roi des Juifs*.

Trois autres hommes, sortent de la porte d'entrée de Jérusalem, dominée par des arcatures romanes. (Dix personnages.)

2ᵒ TABLEAU. — *Trahison de Judas.* — La scène se développe sous trois arcatures romanes soutenues par des colonnes. (1)

Le Sauveur, placé dans la première arcature, à gauche, se dirige vers

[1] Ce *tableau* et le suivant sont dominés par une frise peinte ornée de neuf édicules dont plusieurs simulent des églises à trois nefs, vues de face.

l'Est. Il porte sur son front, un nimbe crucifère et sa main droite, tendue en avant, semble renverser, à distance, un personnage qui paraît tomber, se déguisant, en partie, derrière un autre personnage qui suit, coiffé d'une sorte de tiare, moyen-âge, et portant dans la main droite, une sorte de cassette, en guise de valise. Une bourse paraît à sa main gauche.

L'infâme est un agent des Princes des prêtres, sans doute. Judas vient de traiter avec lui. Le traître, bouche béante, parle encore avec son interlocuteur, sur un ton plein de vivacité, élevant la main droite vers lui et tenant une bourse d'argent dans la main gauche.

Le misérable, surpris en flagrant délit par Jésus, qui songe aux préparatifs de la Cène et semble vouloir en disposer les sièges, en soulevant le banc qu'il tient de sa divine main, le misérable, disons-nous, s'enfuit rapidement, vers l'appartement qui suit.

Nous l'apercevons, ému, hors de lui-même, sur le seuil de la porte romane, qui relie les deux pièces. (Quatre personnages).

3ᵉ TABLEAU. — *Dernière Cène*. — Le Sauveur, avec nimbe crucifère, occupe le centre de la table, qu'il préside et est simulée par une large bande d'étoffe (sorte de tapis), sur laquelle s'étalent divers mets.

S. Jean repose sa tête sur le sein de Jésus, à la gauche duquel il est assis. De sa main droite, le Sauveur communie Judas, *sans nimbe*, accroupi devant lui, et prenant un poisson dans un plat. Six apôtres nimbés, parlent entre eux, à la droite de Notre-Seigneur, et quatre autres également nimbés s'entretiennent à sa gauche.

Ce grand panneau, aboutit au *vitrail de S. Laurent*, au centre du chevet. Un édifice peint domine la verrière. Il est muni de portes romanes, avec deux faces latérales. A gauche, une poule marche vers l'édicule. A droite, c'est un coq à belle aigrette, qui s'avance en chantant, comme pour rappeler la parole de Jésus à S. Pierre : « Le coq n'aura pas chanté trois fois, que tu m'auras déjà renié ! »

IVᵃ TABLEAU. — *Judas trahit par un baiser, le Sauveur au jardin des Oliviers*. — Voici venir les soldats armés de faucilles avec hampe et de piques. Cinq, trois à gauche et deux à droite, enveloppent le Sauveur, orné du nimbe crucifère et marchant à l'ouest.

Judas l'étreint dans ses bras et dépose un baiser sur son auguste face, tandis qu'un satelliste s'empare des mains de Jésus, qu'il va solidement garroter, au moyen de cordes portées avec ostentation, par un autre soldat.

L'un des gardes, le premier à droite, dans le panneau, est armé d'une faucille avec hampe. Sa main droite porte une lanterne, avec laquelle il éclaire la marche du cortège, dirigé vers l'ouest. On remarquera la divergence des coiffures dans la tourbe ignoble, qui s'est emparée du Sauveur. On y distingue des casques, des chapeaux, des espèces de mitres, rappelant la *barretina* des catalans ou des paysans des Pyrénées.

Saint Pierre avait fait serment de ne pas abandonner son Maître. Regardons-le, à gauche, dans le Tableau. Pour être fidèle à sa promesse, il s'est jeté sur l'un des assaillants, et l'a couché par terre. Le tenant en respect au moyen du genou droit, placé sur le cou du patient, il lui coupe avec le glaive, une oreille, et le retient énergiquement avec la main gauche passée dans ses cheveux. (Onze personnages).

Ve TABLEAU. — *Jésus est crucifié*. — Sur une superbe croix *pattée*, se montre le Sauveur nimbé, la tête inclinée sur l'épaule droite. Ses deux bras sont largement ouverts.

Marie, debout est à sa droite. Saint Jean, nimbé, se montre à sa gauche. Plus près de la croix encore, *l'Eglise* représentée par une femme debout, reçoit dans une coupe le sang qui s'échappe du côté droit du Sauveur. Elle est à la droite du Christ, à la gauche duquel on aperçoit la *Synagogue*, également simulée par une femme. Celle-ci s'abîme, les yeux cachés par un bandeau et la main armée d'une verge brisée.

Le bouleversement de la nature, au moment de la mort du Sauveur trouve une expression originale dans quelques détails de ce curieux tableau. Voyez-vous au dessus du bras droit de la croix un disque renfermant un homme qui se voile ? C'est le *Soleil* se cachant la face à la vue du déicide consommé par les Juifs.

Au-dessus du bras gauche, une femme simulant la *Lune*, se voile aussi les yeux, sur un disque symbolique, afin de ne pas être témoin du crime d'Israël.

Ne quittons pas ce majestueux panneau, sans avoir noté le vêtement du Christ en croix. Au lieu du linge moderne, qui voile à peine le corps adorable du Sauveur fait homme, nous remarquons une modeste robe. L'art, au moyen-âge, proscrivait la nudité presque complète du Fils de Dieu, remise en vigueur dans ces derniers siècles, en France, comme au sixième siècle.

On connaît le trait rapporté par saint Grégoire de Tours. « Dans une « église de Narbonne, dit-il, il y avait une image de Jésus en croix, « couvert seulement d'un linge qui lui ceignait le corps. Notre-Seigneur

« apparut à un prêtre nommé Basile, avec un visage terrible et menaçant,
« et lui dit : Vous avez soin de vous couvrir vous autres, et vous osez me
« regarder tout nu ; allez vite me couvrir d'un vêtement. Le prêtre effrayé
« du songe, courut vite le dire à son évêque, qui ne manqua pas de
« couvrir le crucifix d'un voile. »

De là, l'usage de revêtir le Christ d'une longue robe en Espagne, et
dans d'autres pays. Nos contrées, on le voit à Panjas, avaient adopté la
même habitude. Le réalisme de la *Renaissance* a fait revivre dans nos
temples des pratiques proscrites aux meilleurs siècles du moyen-âge.

Enfin dans le panneau du crucifiement, nous devons signaler les deux
bras de séraphins, qui, se détachant d'un nuage, aux angles supérieurs,
balancent l'encensoir vers le Christ, en signe de suprême adoration.

VI° TABLEAU. — *La Résurrection du Rédempteur.* — Deux arcatures
romanes, séparées par une colonnette, se dessinent au fond du tableau,
où nous apercevons le *sépulcre* ouvert. Dans l'arcature de gauche, un
ange aux ailes éployées, est assis sur le rebord du tombeau. Il le montre
de la main droite, tandis que sa main gauche indique le chemin du ciel
suivi par le Sauveur ressuscité, que nous apercevons à droite, au moment
où il s'échappe du sépulcre, sur le rebord duquel il est assis.

Frappés de stupeur, quatre gardes armés d'écus et de glaives, tombent
à la renverse.

VII° TABLEAU. — *Apparition du Sauveur à Madeleine.* — Le Sauveur
portant le nimbe crucifère, se montre, à gauche, près d'un arbre. Ses
deux bras sont levés pour repousser Madeleine, qui, reconnaissant le
divin Maître, marche vivement vers lui, en étendant ses mains. « *Noli me
« tangere !* » *Gardez-vous bien de me toucher !*.., lui dit Jésus. Pendant ce
temps, deux autres saintes femmes, debout, à droite, parlent avec
admiration du prodige accompli devant elles.

IV. — PEINTURES DE LA VOUTE. — *Le ciel.* — 1° COUPOLE. —
Une immense *amande symbolique* encadrée par une bandelette verte et
blanche, simulant des dessins prismatiques, s'étend du sommet de la
corniche supérieure du chevet, à la limite de l'*avant-coupole*.

Le Sauveur assis sur un trône monumental, repose ses pieds sur la
mer, dont parle l'*Apocalypse*, simulée par un brillant tapis. La main
droite du Souverain juge est levée pour bénir. Sa main gauche soutient
un livre ouvert dans lequel nous lisons : EGO SVM LVX MVNDI, d'un
côté et, de l'autre : VIA ET VERITAS ET VITA.

Deux anges adorateurs ailés, balancent leurs encensoirs vers le

Sauveur, à gauche et à droite. Au-dessus du nimbe crucifère du Rédempteur glorifié, se détache une colombe éclatante de blancheur et entourée d'une *gloire*. C'est le *saint Esprit* envoyé au *Fils éternel* par *Dieu le Père*, qui plane, plus haut, dans un nuage. Il porte un sceptre dans la main droite, et dans la main gauche, un *monde*. Le triangle symbolique marquant *l'unité* divine dans la *trinité* de personnes, entoure la tête du *Tout-Puissant*.

De longues séries d'étoiles, simulées par des globes de diverses grandeurs, gravitent autour du Sauveur, près duquel nous apercevons, en dehors de l'*amande* elliptique, — entre la corniche et la ligne de l'*avant-coupole*, — les figures symboliques des quatre évangélistes. Au nord, ce sont : 1° le *Lion* rouge ailé de saint Marc, tenant dans ses griffes un cartel, avec le mot : MARCVS ; 2° au-dessus, l'*Ange* ailé de saint Mathieu, qui tient dans ses mains un cartel avec le mot : MATHEVS.

Au midi, nous voyons : 1° au fond, le *Bœuf* rouge ailé de saint Luc, tenant entre ses pattes un cartel inscrit : LVCAS ; 2° plus haut, l'*Aigle* de saint Jean, qui tient entre ses serres un cartel contenant le mot : IOHANNES.

Le *Lion* et l'*Ange*, au nord, et, au midi, le *Bœuf* et l'*Aigle* sont flanqués de quatre anges simulant le génie des quatre évangélistes qu'ils accompagnent. Ces esprits ailés tiennent captifs quatre démons tremblants, le front orné d'un diadème rouge formé par leurs cheveux hérissés, et les mains suppliantes vers le juge Souverain. Les anges arrachent de leur bouche écumante, des tourbillons d'une épaisse fumée vomie vers le trône de Dieu, que les quatre figures symboliques entourent de leurs louanges et chantent avec force, dans la contemplation de son éclat.

On lit les lettres ... IERVS ... d'un mot tronqué, au-dessus du nuage vomi par l'un des démons les plus voisins des pieds du Sauveur.

II. — AVANT-COUPOLE. — Une plate-bande peinte la sépare de la *Coupole*. Elle est en berceau, et en pierre, comme la *Coupole* elle-même. La voûte, est ornée, au sommet, d'une large ligne peinte portant neuf cercles reliés au moyen d'anneaux rouges et couverts de sortes de besans. Ainsi, se trouvent limitées, les deux séries d'arcatures romanes superposées qui dominent le chevet, au nord et au midi.

En avant de chaque arcature, se détache un trône occupé par un vieillard majestueux, avec diadème, et portant un instrument de musique, dans une main, et, dans l'autre un vase de parfums. Il y en a vingt-quatre, en tout, disposés sur quatre lignes, deux au nord et deux au midi. Les vieillards se regardent deux à deux. Le fond de leurs vases est toujours en haut, au midi. Au nord, il est tantôt en bas et tantôt en haut.

A la seule lecture de cette aride description de la voûte du chevet de Panjas, tout le monde a vu, sans effort, la pensée de l'artiste occupé à traduire, sans demeurer esclave de la lettre, le chapitre IV, de l'*Apocolypse* de saint Jean.

Le Trône divin, à la Coupole, n'a ni *tonnerre,* ni *éclairs.* On n'y voit pas non plus les sept lampes mystérieuses, allumées.

La mer *transparente comme le verre* y est remplacée par une sorte de tapis.

Dans les figures symboliques, point d'autres yeux que ceux de la tête (1) tournée vers le grand juge. Mais toutes ces figures ont bien la forme de celles de la vision de S. Jean. Impossible de les confondre avec celles de la vision d'Ezéchiel, car chacune d'elles est accompagnée du nom de l'Evangéliste qu'elle rappelle.

Pour les vieillards, au lieu d'adorer le seigneur en se prosternant et en déposant leurs couronnes devant le *Trône de l'Agneau,* ils sont gravement assis sur leur siège et portent le diadème sur leur front.

En d'autres termes, ils sont au sein de la gloire célébrée au Chapitre VII de l'*Apocalypse,* où l'un d'eux marque le rôle des élus, qui consiste à se tenir devant Dieu et à le servir jour et nuit dans son temple.

Au lieu de la *harpe,* nommée dans le Chapitre V (v. 8.), les vingt-quatre vieillards tiennent une sorte de *tympanon* dans la main droite, et dans leur main gauche, les *coupes d'or* de l'*Apocalypse* sont remplacées par des vases de parfums, exprimant, comme les *coupes,* les *prières des saints.*

Suivant le témoignage des meilleurs interprètes, tout le monde le sait, les *vieillards* représentent la totalité des élus, en tant qu'appliqués aux louanges de Dieu. Selon Bossuet, douze représentent « les saints de l'Ancien Testament issus des Patriarches, et onze, les saints du Nouveau Testament », dont les apôtres sont comme les pères. Ils n'ont tous qu'une voix, pour louer celui qui règne sur le Trône !

Un détail des peintures de Panjas, aidera peut-être, à éclaircir un point d'interprétation, encore débattu parmi les savants, au sujet de l'OBJET de l'Apocalypse.

(1) Le texte sacré porte qu'ils étaient couverts d'yeux de toutes parts, *ante et retrô.*

Beaucoup de catholiques, par exemple Salmeron, Hug, Allioli, etc., ainsi que bon nombre de protestants, ont soutenu que l'*Objet* du Livre de S. Jean, se rapportait partiellement à la ruine de ROME et de JÉRUSALEM. D'autres ont pensé autrement. Les Peintures murales de Panjas donneraient raison aux premiers, ce nous semble.

Ici, la BÊTE de l'*Apocalypse* se présente sous la forme de quatre démons nus. Leurs cheveux hérissés simulent un diadème de feu, au moyen de leurs mèches redressées, et les quatre mauvais *Esprits* vomissent, sous l'étreinte de l'*Evangile* représenté par les anges des quatre évangélistes, des nuages de fumée impuissants vers le Trône du Rédempteur, qui les force à s'avouer vaincus, par la puissance de sa parole et de sa grâce.

Or, l'un des démons est *Jérusalem* ou le *Judaïsme*. Les lettres retouchées au-dessus des nuages de blasphèmes qu'il projette au loin, ne laissent aucun doute... IERVS... pour HIERVSALEM.

L'autre esprit infernal représente donc en face, selon toute apparence, ROME ou le *Paganisme*, vaincu comme le *Judaïsme*, par l'Evangile et par l'Eglise. L'Apocalypse, en effet, après avoir nommé la *nouvelle Jérusalem ou l'Eglise*, parle de SODOME ou de l'*Egypte* dans laquelle le Sauveur a été crucifié (Jérusalem) et de BABYLONE *ou de la ville aux sept collines*. (Rome.)

SODOME, dans le contexte de S. Jean, désignant la cité déicide et cette cité se trouvant expressément nommée à Panjas, la BABYLONE de l'Apocalypse ne peut être que ROME, *la ville aux sept collines*.

Les quatre esprits infernaux de Panjas, personnifient, donc à n'en pas douter les quatre villes de l'Apocalypse : JÉRUSALEM, ROME, SODOME et BABYLONE. (1)

Tout, on le voit, tout, dans les admirables peintures de S. Laurent de Panjas, offre un vif intérêt.

Quel bonheur pour l'Art, que M. l'Abbé Lasserre, curé de cette églie, se laissant guider, naguère, par quelques traces de couleurs aperçues sur un point du sanctuaire, se soit décidé à fouiller l'horrible badigeon qui cachait tant de merveilles !

Il hésitait à commencer son entreprise ; car pouvait-on conclure de quelques vestiges informes de costume, qu'il y avait là un trésor caché

---

(1) Une légende peinte autour de l'arc triomphal, à l'aspect du levant, fait conaître la date et les auteurs de la restauration des peintures morales. On y lit, eu effet : ANNO. DNI. MDCCCXCII. LEONE. XIII. PONTIFICE. MAXIMO. REGNANTE. PAROCHO. LASSERRE. LABEDAN. PICTOR. RESTAU-RAVIT.

qu'il fût aisé de faire revivre ? Un artiste de mérite, M. Labedan, appelé à son aide, lui a fourni l'appui de son talent et bientôt on a vu reparaître lentement, mais presque toujours avec une suffisante netteté, tous les éléments des tableaux que nous venons d'étudier dans leurs moindres détails.

M. Labedan, formé aux meilleures méthodes par ses études en France et en Italie, était l'homme qu'il fallait pour mener à bonne fin une telle entreprise. Guidé par un goût d'une parfaite sûreté, au service duquel il pouvait mettre une main d'une habileté reconnue dans les Landes comme dans le Gers, notre excellent artiste, a su conserver aux tableaux leur caractère original.

Peut-être lui reprochera-t-on, d'avoir trop *modernisé* l'image du Sauveur dans la *Coupole ?* Qu'on veuille se souvenir que l'absence de certains traits absorbés par le badigeon l'ont mis dans la nécessité de s'écarter un peu de la rigueur des lignes primitives. Notre observation s'étend à quelques autres détails sans importance.

Mais dans leur ensemble, grâce à la savante restauration de M. Labedan, les peintures de Panjas par leurs traits, comme par leurs tons dominants, *jaune vert*, *rouge*, *violacé*, etc., rappellent avec exactitude, les procédés en honneur au moyen-âge. Elles paraissent appartenir d'ailleurs, au douzième siècle, au treizième au plus tard. Néanmoins nous ne voulons rien préciser à cet égard.

En adressant nos meilleurs éloges à M. l'abbé Lasserre, curé de Panjas, auquel on doit cette œuvre remarquable, nous félicitons de tout cœur M. Labedan, qui l'a si sûrement conduite.

La paroisse de Panjas sera justement fière des chefs-d'œuvres de son église, que les savants viendront visiter avec fruit. Les plus riches musées envieront ses splendides peintures que nous reproduirons par la gravure ou la photographie.